Koundou SOUMARE

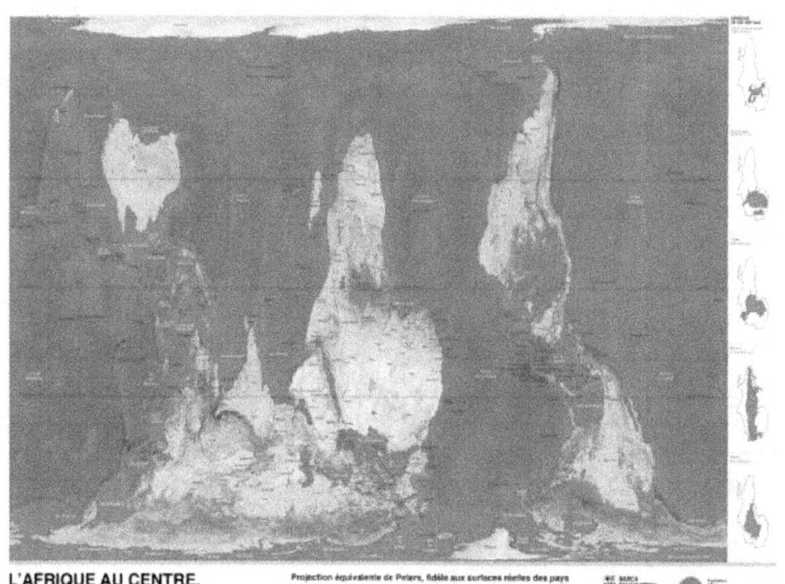

Sources Photo couverture : *Lépac – Pacha cartographie. Banque mondiale, 2012. World*

Population Prospects, 2012. AQUAStat, 2013. FAOStat, 2014.

Copyright : Fondation Lilian Thuram (www.thuram.org) / Réalisation :

Lépac (www.lepac.org), 2015.

Remerciements à la Fondation Lilian Thuram et partenaires

Brève initiation à la géopolitique pour un jeune Soninké.

Repères et évènements historiques

Koundou SOUMARE

<u>Les livres de l'auteur :</u>

Mes Ecrits Osés : Cybercarnet d'un militant des droits humains. ISBN 9798402627079, Auto-édition Amazon, 2022

Les restes féodalo-esclavagistes intra-africains : ce qu'il faut comprendre pour s'en débarrasser ! Le cas soninké   ISBN 9798861394420, Auto-édition Amazon, 2023

<u>Note introductive de l'auteur</u>

Les relations internationales exercent une influence réelle (négative ou positive) sur les destinées des peuples du monde. Ainsi les institutions multilatérales comme les Nations-Unies, la banque mondiale, le Fonds monétaire international et d'autres organismes et alliances transnationaux (civils ou militaires) affiliés dits spécialisés constituent des instruments-leviers d'un ordre mondial aux paradigmes relativement lisibles. Il nous faut un minimum de bagage d'instruction pour pouvoir lire ces réalités d'un monde devenu un village globalisé. Par ce livret, nous espérons donner des éléments vulgarisés de culture générale à l'endroit de notre communauté sociolinguistique d'appartenance, soninké (soninkara), et au-delà. L'objectif consistant à *disponibiliser* une ressource simple et accessible à une frange de la communauté soninké peu versée dans les profondeurs intellectuelles de la vie internationale. Ainsi permettre une relative compréhension des actualités mondiales « brutes » larguées par les médias *mainstream* (grands médias à forte influence) présents sans filtres ni recul dans nos foyers. La consommation trop passive de cette dose informationnelle parmi nous entraîne des conséquences évidentes qui ne permettent pas l'émergence d'une lecture pertinente, impartiale (du moins peu influencée) et préventive sur les données géopolitiques. Pour des milieux peu instruits, on ne se limitera plus d'un mot descriptif entendu d'un célèbre griot soninké du Mali (Village de Maréna, Région de Kayes) comme M. Ganda Fadiga (né en 1949 et décédé le 19/09/2009 à Paris) faisant référence à la zone de l'océan Pacifique. Dans un extrait d'une cassette audio réalisée au nom d'une personne qu'il nomme Ba Maro Doukoure, il disait que l'aéroport de Tokyo (Japon) serait le dernier avant les eaux maritimes et qu'au-delà on se ferait dévorer par les poissons.

Aux temps d'une résurgence souverainiste et anti-impérialiste en vogue sur notre continent, l'Afrique, rendre accessible au sein de nos communautés d'importants repères et faits historiques peut être d'une certaine utilité pour une large conscientisation de nos peuples.

Avec une couverture allant du 26 février 1885 à nos jours, des dates clés seront listées dans une chronologie marquant les impacts locaux et – ou globaux de la géopolitique. Ce travail pédagogique loin d'être une production académique ou scientifique de haut rang, aura comme trame de perspective une vision « *les relations internationales perçues et lues par un africain lambda intéressé à la géopolitique* ». Une forme de redécouverte et de mise à jour pour permettre une vulgarisation des certains mécanismes de fonctionnement des relations internationales. Permettre une nécessaire *aération* analytique dans nos imaginaires d'afro même afro-descendants avertis par rapport à cet univers géopolitique au sein duquel le narratif sur Tout suit et pèse selon la puissance de l'entité émettrice.

La Mauritanie, mon pays de naissance, fait l'objet d'un traitement d'analyse sommaire en décrivant ses réalités sous différentes facettes. Dans la partie IV sous Annexe, quelques interviews accordées à notre Blog https://ecrit-ose.blog/ y sont reprises. Mes fraternels remerciements renouvelés à ces contributeurs qui sont : l'étudiant sénégalais en *Etudes Arabes,* M. Mahamadou Maréga, l'étudiant mauritanien en *Philosophie* en Algérie, M. Muhamad Bacary Cissé, M. Boubacar N'Djim, activiste malien défenseur des droits humains, le franco-malien M. Yahaya Soukouna, diplômé en Sciences Politiques et de M. Aleyda Traoré, mauritanien diplômé en *Géosciences* vivant en France.

KS

Bagnolet, 8 avril 2024

<u>Définition du terme géopolitique</u>

La définition laconique du *petit Larousse* admet la géopolitique comme « *Étude géographique des relations entre les États… »*.

Une référence en partie à un article[1] publié par le site internet *Diploweb.com* « *le premier site de Géopolitique français* », nous donne un aperçu substantiel des contours de la géopolitique ayant trait au contenu pédagogique qu'on ambitionne par cet ouvrage à vocation éducative. La contribution de M. Stanisław Musiał, Docteur en sciences politiques, spécialiste des relations internationales, maître de conférences de l'Académie Marine de Guerre de Gdynia, Pologne, publiée le 26 décembre 2014, nous définit les notions de la géopolitique comme suit : « *LA GEOPOLITIQUE et d'autres notions proches sont souvent utilisées depuis plusieurs années tant dans la science mondiale des relations internationales que dans la science polonaise. On peut dire que faire référence à la géopolitique est devenu une mode scientifique contemporaine. En conséquence, ces notions sont devenues une partie intégrante de l'étude des relations internationales. Cependant, le manque de définitions des relations et interdépendances mutuelles entre ces notions entraîne un chaos dans une grille des concepts portant préjudice à la science des relations internationales*

---

[1] Voir https://www.diploweb.com/La-geopolitique-Perceptions.html#:~:text=Les%20raisonnements%20g%C3%A9op olitiques%20aident%20%C3%A0,du%20monde%20%C2%BB%20 %5B10%5D

*contemporaine. Pour mieux appréhender ces problèmes, il faut d'abord expliquer : la genèse, l'évolution, les raisons de la renaissance de **la géopolitique** et sa perception d'aujourd'hui. ».* Dans le développement de son article qu'on recommande la lecture, il y expose toutes les complexités et les nuances nécessaires sur la notion de la géopolitique mondiale.

I - Des dates clés de référence et quelques événements historiques majeurs

• 26 février 1885

Une conférence internationale consacrant le dépeçage du continent africain entre les puissances coloniales et impérialistes. Ci-après les termes introductifs tirés d'une publication à propos du traité à l'issue de la conférence tenue à Berlin :

« Date : 26 février 1885.

Objet : La conférence qui réunit à Berlin les représentants de 14 pays européens, de novembre 1884 à février 1885, a pour objet de régler pacifiquement les litiges relatifs aux conquêtes coloniales en Afrique. L'Allemagne, qui ne s'est pas engagée dans la politique de colonisation joue les médiateurs et plaide en faveur de la liberté du commerce et de la navigation, notamment dans le bassin du Congo et celui du Niger. L'Acte final fixe les règles de la colonisation de l'Afrique et impose le principe de l'effectivité pour reconnaître une annexion.

Au nom de Dieu Tout-Puissant,

Sa Majesté l'Empereur d'Allemagne, Roi de Prusse, Sa Majesté l'Empereur d'Autriche, Roi de Bohème, etc., et Roi apostolique de Hongrie, Sa Majesté le Roi des Belges, Sa Majesté le Roi de Danemark, Sa Majesté le Roi d'Espagne, le Président des États-Unis d'Amérique, le Président de la République Française, Sa Majesté la Reine du Royaume-Uni de la Grande-Bretagne et d'Irlande, Impératrice des Indes, Sa

Majesté le Roi d'Italie, Sa Majesté le Roi des Pays-Bas, Grand Duc de Luxembourg, etc., Sa Majesté le Roi de Portugal et des Algarves, etc., Sa Majesté l'Empereur de toutes les Russies, Sa Majesté le Roi de Suède et Norvège, etc., et Sa Majesté l'Empereur des Ottomans,

Voulant régler, dans un esprit de bonne entente mutuelle, les conditions les plus favorables au développement du commerce et de la civilisation dans certaines régions de l'Afrique, et assurer à tous les peuples les avantages de la libre navigation sur les deux principaux fleuves africains qui se déversent dans l'océan Atlantique; désireux, d'autre part, de prévenir les malentendus et les contestations que pourraient soulever à l'avenir les prises de possession nouvelles sur les côtes de l'Afrique, et préoccupés en même temps des moyens d'accroître le bien-être moral et matériel des populations indigènes, ont résolu, sur l'invitation qui leur a été adressée par le gouvernement impérial d'Allemagne, d'accord avec le Gouvernement de la République Française, de réunir à cette fin une Conférence à Berlin, et ont nommé pour leurs plénipotentiaires, savoir :

(Suivent les désignations.) »[2]

L'objet est nettement saisissable, si on n'est pas autour d'une table de festin, c'est qu'on est le menu à *dévorer*. Ainsi dire, l'Afrique passa impitoyablement sous coupe colonialiste à l'occasion de cette rencontre entre puissances impériales. Le discours tenu par un homme

---

[2] https://mjp.univ-perp.fr/traites/1885berlin.htm#:~:text=Objet%20%3A%20La%20conf%C3%A9rence%20qui%20r%C3%A9unit,aux%20conqu%C3%A9tes%20coloniales%20en%20Afrique

politique français, Jules Ferry en 1885, donnait le ton de la ferme motivation de cette entreprise impérialiste en répondant au député M. Camille Pelletan (qui condamnait les pratiques du joug colonial) en de termes sans filtre. Comme ce passage repris du discours dans l'ouvrage « *L'Afrique noire en France* » du Journaliste français M. Olivier Piot : « *Je répète qu'il y a pour les races supérieures un droit, parce qu'il y a un devoir pour elles. Elles ont le devoir de civiliser les races inferieures […].* »

Ici, on saisit la sinistre intentionnalité du projet colonial qui causa rudement un écrasement civilisationnel, social et économique.

• La première guerre mondiale (1914 – 1918)

L'attentat du 28 juin 1914 contre un héritier austro-hongrois en la personne de l'archiduc François-Ferdinand à Sarajevo (l'actuelle capitale de la Bosnie-Herzégovine), allait mener à un engrenage violent. Par les logiques d'alliances des puissances coloniales, plusieurs milliers d'africains (tirailleurs sénégalais de l'AOF[3]) se virent impliqués malgré eux dans un long conflit très meurtrier. Les estimations[4] donnent environ 30 000 morts parmi eux sur les champs de bataille. Nos terres (Majeure partie du continent africain)

---

[3] Afrique Occidentale Française (Ensemble territorial de l'ordre colonial en Afrique de l'ouest)
[4] https://www.defense.gouv.fr/actualites/tirailleurs-hommage-aux-tirailleurs-senegalais-grande-guerre#:~:text=Pour%20rappel%2C%20les%20bataillons%20de,bataille%20de%20la%20Grande%20Guerre.

dépendantes des empires coloniaux, furent utilisées et exploitées injustement pour l'effort de guerre. Ce forcing impérialiste comme l'ordre colonial ne promettait aucunement une opportunité d'existence politique et géopolitique autonome aux peuples dominés. Ainsi à décortiquer sérieusement les fameux 14 points[5] de Wilson (président étasunien à l'époque) qu'on citera ci-dessous, c'est d'une évidence sonnante qu'un ensemble colonisé (en Afrique et d'autres territoires) fut ignoré dans les recommandations émises pour pacifier dit-on le monde d'après-guerre.

À lire un bref descriptif sur la genèse du conflit : « *La question des origines de la guerre est aussi celle de la responsabilité des acteurs, explique l'historienne Élise Julien, auteure de l'ouvrage Rivalités et interdépendances, 1871-1918. C'est donc une question politiquement chargée, aujourd'hui encore." L'événement déclencheur de la Grande guerre est connu de tous les écoliers : l'assassinat de l'archiduc François Ferdinand, héritier du trône d'Autriche-Hongrie à Sarajevo le 28 juin 1914 par des nationalistes serbes. On parle ensuite "d'engrenage des alliances" pour expliquer les entrées en guerre successives de la Russie, de l'Allemagne et du Royaume-Uni, comme si le conflit mondial était la conséquence inéluctable de cet assassinat. Ses facteurs sont en réalité bien plus complexes.* »[6]

---

[5] https://www.theworldwar.org/fr/learn/peace/fourteen-points
[6] Voir https://www.gco.fr/histoire/comprendre-les-raisons-de-la-grande-guerre-204144

Les 14 points résumés du 28ᵉᵐᵉ président étasunien Thomas Woodrow Wilson (28/12/1856 – Mort le 03/02/1924) dans un discours au Congrès américain le 8 janvier 1918 :

1. *Diplomatie ouverte sans traités secrets*
2. *Libre-échange économique sur les mers en temps de guerre et de paix*
3. *Conditions commerciales égales*
4. *Diminuer les armements parmi toutes les nations*
5. *Ajuster les revendications coloniales*
6. *Évacuation de toutes les puissances centrales de la Russie et lui permettre de définir sa propre indépendance*
7. *La Belgique évacuée et restaurée*
8. *Retour de la région Alsace-Lorraine et de tous les territoires français*
9. *Réajuster les frontières italiennes*
10. *L'Autriche-Hongrie doit avoir la possibilité de s'autodéterminer*
11. *Redessiner les frontières de la région des Balkans créant la Roumanie, la Serbie et le Monténégro*
12. *Création d'un État turc avec garantie de libre-échange dans les Dardanelles*
13. *Création d'un État polonais indépendant*
14. *Création de la Société des Nations*

Ici on déduira facilement du point 5 que certaines possessions coloniales sont réaffirmées et l'ensemble territorial africain sous domination en était un symbole significatif. La Société des Nations considérée comme l'ancêtre de l'ONU (Organisation des Nations Unies) fut instituée à la suite du Traité de Versailles signé le 28 juin 1919.

• La Société des Nations (10 janvier 1920 – 20 avril 1946)

Une institution internationale censée réguler les relations entre les Nations à la suite du premier conflit mondial (14-18) du 20ème siècle. Son instauration qui faisait partie des recommandations Wilsoniennes, notamment le point 14, fut actée lors du traité de paix signé à Versailles en France. Communément appelé le traité de Versailles, il accoucha parmi ses différentes dispositions, la création de la Société des Nations ayant eu comme siège à Genève en Suisse. Les États-Unis n'en furent pas membres, même si l'idée inspirant sa création fut de leur président, pour cause un camp politique étasunien largement isolationniste refusa de l'y intégrer. L'organisation comptait 42 membres fondateurs et disposait d'un Conseil sous le format de l'actuel Conseil de sécurité de l'ONU. Les premiers membres permanents du Conseil de la Société des Nations furent : le Royaume-Uni, la France, l'Italie et le Japon. À noter que les langues officielles de l'institution étaient le français et l'anglais. Dotée de plusieurs commissions fonctionnelles dont l'une appelée « *Commission de l'esclavage* » qui essaya d'éradiquer cette pratique aux relais complexes. Une tâche ardue avec des lourdes contradictions pour certaines Nations phares de cette organisation. On notera par exemple les cas de certains pays européens comme la France et le Royaume-Uni qui faisaient sévir un écrasant et inique ordre colonial dans différents endroits du monde. Comment comptèrent-ils concilier leur domination d'étouffement civilisationnel, économique et politique par la colonisation en cours et l'idéal de libération de l'esclavage ?

Surtout eux, qui participèrent grandement à la traite transatlantique des esclaves de nombreux siècles durant par le passé.

Sacré dilemme substantiel posé et d'autres micmacs géopolitiques entretenus par et entre les puissances ont causé l'impuissance d'une Organisation ne disposant pas de levier militaire proprement dit pour appuyer ses ordres diplomatiques. C'est sous cet angle d'inefficacité qu'il faut entendre une déclaration attribuée à Benito Mussolini de l'Italie fasciste disant : « *la société des Nations est très efficace quand les moineaux crient, mais plus du tout quand les aigles attaquent* ».

• La fin du califat (déclin de l'empire ottoman (3 mars 1924)

C'était la dernière relique en matière de patronage politico-religieux hérité de la Tradition Prophétique avec l'avènement de la religion islamique datant de 15 siècles aujourd'hui. Dans la foulée des conséquences de la Grande Guerre (le Traité[7] de Sèvres en août 1920), l'empire ottoman en sortit affaibli fatalement sur l'échelle internationale. À l'intérieur, le laïc Mustafa

---

[7] Traité signé en région parisienne entre l'Empire ottoman et ses ennemis de la Première Guerre mondiale consacrant le début de son démembrement

Kemal et ses relais national-réformistes balayèrent le califat par un vote au parlement turc (La Grande Assemblée Nationale de Turquie). Accaparée depuis au moins courant 16e siècle par des sultans ottomans, l'institution califale censée symboliquement régner sur la communauté islamique (la Umma), ne sembla guère gêner la participation de l'empire ottoman quoique pas au mieux de sa puissance d'antan, à la Conférence de Berlin (Fin 1884 - début 1885). Cette rencontre des puissances impérialistes à l'écrasante majorité européenne qui consacra le partage de plusieurs territoires notamment africains peuplés par des nombreuses populations musulmanes. Et de constater à l'époque l'étroitesse de l'influence géopolitique internationale liée au titre califal et de ceux qui le portèrent.

L'ensemble régional ouest-africain islamisé était isolé de l'emprise califale régnante et évoluait dans des structures politiques autonomes. En effet, dès les débuts de la pénétration musulmane en zones Sahara sahéliennes avec l'arrivée d'éléments prosélytes encartés omeyyades, les régimes « païens » locaux connurent mutations internes en « relative douceur » et évoluèrent en empires soudanais avec principalement l'islam comme noyau confessionnel étatique. À propos, il faut se référer à l'édifiant ouvrage du journaliste franco-ivoirien Serge BILÉ, titré « *Quand les Noirs avaient des Esclaves Blancs* ». Très informatif, ce livre nous expose pertinemment le fonctionnement politique interne et les rapports externes de ces empires soudanais le Wagadou-Ghana, le Mali et le Songhay. À leur apogée, ils ne se soumettaient pas à un patronage politique califal lointain qu'il fût omeyyade, ottoman ou autre. Également il est d'un intérêt instructif de relever que certaines personnalités historiques comme Samory Touré (1833 – 1900), Mamadou Lamine Dramé issu de la communauté soninké (1835 ou 1840 – 1887) et El-Hadj Omar Tall (1796 – 1867) furent remarquées par leurs activismes contre l'ordre colonial français dans ces territoires ouest-africains. A cette même période courant du 19ᵉ siècle où ces résistants politico-religieux faisaient face laborieusement aux implantions irrésistibles de la domination coloniale, le lointain ordre califal ottoman était-il au courant ou avait-il l'épaisseur géopolitique conséquente pour compter politiquement et militairement dans ces tumultes à travers cette zone majoritairement musulmane ?

Et aujourd'hui dans une certaine mémoire collective sahélienne et ouest-africaine musulmane, la renommée d'un érudit résistant Ahmed BABA de Tombouctou est largement plus prégnante que l'ensemble de la période historique couvrant le califat sous le règne ottoman. Le cheikh Ahmed BABA fut victime d'un impérialisme politico-religieux et racial voire raciste venant du Maroc. Maroc du sultan El-Mansour de la dynastie des Saadiens, qui refusa les poussées hégémoniques de l'empire turc tout en allant razzier et envahir les zones sahéliennes considérées comme le pays des noirs pourtant islamisés depuis quelques siècles auparavant. En résumé, cette fin du califat sous le patronage politico-religieux du régime ottoman et la proclamation (le 29 juin 2014) de son illusoire restauration par le chef terroriste irakien Al-Baghdadi et son groupe violent « l'état islamique – Daech » dans les zones syro-irakiennes qu'ils occupaient, ne semblent pas représenter des dates clés sur la frise géopolitique d'un sahélien et ouest-africain lambda comme un jeune soninké musulman d'aujourd'hui. Également une certaine mémoire militante de renouveau identitaire peut plutôt espérer revivifier l'héritage politico-religieux d'un grand général au cours du règne Songhay, du nom de Mohamed Aboubekr (qui serait d'ascendance soninké) devenu finalement dirigeant suprême du royaume sous l'appellation d'Askia Mohamed. Une telle mémoire remontant au 16ème siècle ferait plus d'écho que la chute du dernier calife ottoman Abdülmecid II considéré comme le 101e calife de l'islam. Certes, des groupuscules islamistes aux visées transnationales et internationalistes comme EIGS [8] , adeptes d'un fondamentalisme religieux violent s'activent parmi la nébuleuse hydre terroriste dans des poches territoriales, mais ils restent cantonnés dans une marginalité par rapport aux populations musulmanes du Sahel. Dans notre époque, un jeune soninké musulman ouest-africain ou originaire de cette région qui serait tenté à la suite d'un endoctrinement fanatique à vouloir participer à un illusoire rétablissement du régime califal sur la Umma (la communauté des croyants) quelque part, ferait mieux au préalable d'interroger l'histoire. Cette histoire

---

[8] L'État islamique dans le Grand Sahara

politique et religieuse de l'ensemble géographique de ses origines les plus lointaines et la nature des relations qui prévalaient avec les contrées extérieures islamisées. Une nécessité de se forger ardemment une conscience politico-religieuse à propos et se retrouver une cohérence analytique centrée sur son creuset originel pour éviter diverses manipulations de certains prosélytes extérieurs intéressés souvent suprémacistes à l'endroit du peuple Noir. Notre spiritualité musulmane peut se vivre pleinement tout en ayant une conscience avertie sur les mécanismes globaux de la géopolitique mondiale et ses influents ressorts dans le passé. Ainsi, on portera une voix (voie) singulière libre, inclusive et sans aucun complexe.

• La deuxième guerre mondiale (1939 – 1945)

Elle peut être une des conséquences inéluctables des échecs accusés par la Société des Nations. La phase de l'après première guerre mondiale qui mena à cette guerre, fut tumultueuse en termes de relations internationales entre les puissances européennes. Poussées ultranationalistes et résurgences de vielles tensions entre certains pays ont fini par une bascule agressive vers un autre conflit mondial. Encore une fois les possessions coloniales ne peuvent trouver d'échappatoire face aux ordres issus des tensions géopolitiques provoquées ailleurs notamment en Europe. Une situation qu'on pourrait résumer à juste titre par un passage du livre collectif coordonné par l'historien béninois Amzat BOUKARI-YABARA et ses collègues[9]. Dans « *L'Empire qui ne veut pas mourir : Une Histoire de la Françafrique* » il y est relevé « *Sommés comme en 1914 de participer à l'effort de guerre, les colonisés se trouvent au cœur de ces bouleversements. Enrôlés en masse dans l'armée, par les vichystes comme par les gaullistes, les soldats coloniaux – parmi lesquels 180 000 subsahariens et malgaches – sont appelés à défendre la « mère patrie » sans toujours savoir ce qu'ils ont à y gagner. Alors que les promesses françaises restent évasives, les déclarations anglo-américaines paraissent plus solides.* »

A l'issue du conflit, le nazisme hitlérien qui saigna l'Europe est vaincu. Ainsi l'engagement pour la Liberté à l'échelle internationale coincée à géométrie variable par les puissances coloniales, va connaitre d'autres turbulents chapitres aboutissant à une nouvelle configuration géopolitique.

• La création des Nations Unies (1945 – à nos jours)

Selon le site *https://www.un.org/* dans la rubrique « *Étapes clés de l'histoire des Nations Unies* », l'Organisation voit le jour après la ratification de sa Charte par les cinq membres permanents du Conseil de sécurité et la majorité des autres signataires le 24 octobre 1945. Cette Charte confère selon la présentation succincte donnée sur le site internet, « *au Conseil de sécurité la responsabilité principale du maintien de la paix et de la sécurité internationales* ». Le Conseil compte 15 membres dont 5 permanents disposant du droit de

---

[9] Thomas BORREL, Benoît COLLOMBAT et Thomas DELTOMBE

veto. Les pays détenteurs de ce droit sont : la Chine, les États-Unis, la France, le Royaume-Uni et la Russie. Ce droit se pratique par un vote négatif à une décision ou une résolution qui sera rejetée en conséquence. L'ONU compte plusieurs instances spécialisées dans divers domaines, on peut citer par exemple : le PAM (Programme Alimentaire Mondial), l'OIT (Organisation Internationale du Travail) ou le FMI (Fonds Monétaire International). À sa création l'écrasante majorité de nos pays africains est sous le joug colonial et les souffles indépendantistes émergent progressivement dans une période de plus d'une décennie. À une époque d'un monde bipolaire avec la guerre froide menée principalement entre les 2 géants d'après-guerre les États-Unis et l'ex Urss (Union des Républiques Socialistes Soviétiques). Plusieurs pays sahéliens et ouest-africains intégrés historiquement dans l'ensemble territorial colonial français ouest-africain (l'AOF[10]), accèdent à leurs indépendances au cours de l'année 1960.

• Le néocolonialisme

À la suite des indépendances, plusieurs états nouvellement constitués sous un certain contrôle des anciens colonisateurs n'ont pas fondamentalement bénéficié d'une souveraineté pleine. Ces territoires ayant connu une évolution politique progressive selon l'agenda géopolitique international plus ou moins en convulsions de l'après deuxième guerre mondiale, deviennent de zones d'influences acquises aux

---

[10] Afrique Occidentale Française

anciennes forces coloniales. Ainsi il est défini en termes mis à jour dans une publication du site internet Géoconfluences [11] : « *Le **néocolonialisme** est un terme utilisé pour dénoncer le maintien ou le retour du colonialisme, c'est-à-dire de la volonté de domination coloniale, après l'indépendance, éventuellement dans des formes détournées ou discrètes. Le terme qui désigne donc une situation (l'existence de pressions politiques, économiques et culturelles) ne doit donc pas être confondu avec celui de **postcolonial**, terme faisant référence aux approches théoriques en sciences humaines (postcolonial studies) analysant cet état de fait.*

En raison des liens linguistiques, monétaires, économiques, ou encore diplomatiques, que les anciennes puissances coloniales peuvent avoir gardé avec leurs anciennes colonies, elles sont parfois soupçonnées de tentation néocoloniale, comme c'est le cas avec la Françafrique. Plus généralement, le néocolonialisme peut désigner toute domination exercée par un territoire sur un autre, en dehors d'anciens liens coloniaux. Il est associé à une critique de l'impérialisme, étatsunien en particulier, dont il peut être considéré comme une modalité. Désignant initialement une relation géopolitique de domination « Nord-Sud », il s'applique aujourd'hui à des formes de partenariats « Sud-Sud ». Les rôles joués par la Chine en Afrique, et de nos jours par la Russie, sont parfois qualifiés de néocolonialisme : le terme Chinafrique est désormais couramment employé, et celui de Russafrique apparaît dans le langage journalistique. »

Le terme « Françafrique » qui est un néologisme, est porteur d'une charge symptomatique de ces relations entretenues entre l'ex-empire colonial français et

---

[11] https://geoconfluences.ens-lyon.fr

certaines de ses anciennes possessions sur le continent africain. Selon une contribution de M. Thomas DELTOMBE dans leur livre collectif « *Une Histoire de la Françafrique, l'empire qui ne veut pas mourir* », le mot fut utilisé pour la première fois en août 1945 par le journaliste de *l'Aurore*, Jean Piot. Ce dernier plaidait l'idée d'une « communauté française » large à ériger pour restaurer une dynamique de puissance de la France dans le nouveau monde en arguant : « *...(Comme le Canadien et l'Australien éprouvent, malgré tout, le besoin de rester associés au Commonwealth). Il nous faudra surtout concentrer notre effort sur l'essentiel – sur ce qui, dans le monde nouveau, doit faire, à l'avantage commun, bloc avec nous : sur ce que j'appellerai la ``Françafrique''.* »

• La guerre froide et « sa fin »

L'écrasement du régime nazi et ses alliés (principalement le fascisme italien et l'impérialisme belliqueux japonais) et l'érection d'une nouvelle institution internationale (l'Onu) censée pacifier les rapports géopolitiques, n'ont pas été à la hauteur des attentes pour la sécurité à l'échelle mondiale. Les 2 géants d'après-guerre Américains et Soviétiques se sont lancés dans un rude affrontement politico idéologique. Ils étaient devenus ce qu'on décrit comme les puissants donneurs d'ordres et les autres nations sont réduites à des preneuses d'ordres. C'est la logique de camps avec ses tumultes guerriers par états ou entités proxys (déstabilisations politiques, guerres civiles et révolutions provoquées...). Également une course aux armements les plus terrifiants pour l'existence humaine sur terre s'ils étaient utilisés. Cette guerre dite froide avait été détaillée caricaturalement dans un narratif simpliste autour de nous, dans notre adolescence, laissant entendre que les Américains pourraient *polluer les eaux du globe* et les Soviétiques auraient la capacité de *polluer l'air entier de notre atmosphère*. Y comprendre l'éventualité d'un affrontement final dévastateur d'un ordre eschatologique pour l'humanité entière. Une période marquée par dit-on l'équilibre de la terreur, où nos pays dits « sous-développés » se trouvaient majoritairement blottis dans un camp ou dans l'autre en tenant compte d'autres contingences intérieures mouvantes. En fin des années 1980 et débuts des années 1990, le camp communiste dans le sillage russe s'est disloqué progressivement avec la chute du mur de Berlin [12] (Dans la nuit du 9 novembre 1989), et l'ensemble occidental dirigé tacitement par le duo anglo-saxon (États-Unis et le Royaume-Uni) devient le gendarme du monde.

C'est l'entame d'une phase au cours de laquelle les nations qui refusent le statut de preneurs d'ordres sont diabolisés (Iran, Corée du Nord...) et d'autres qui s'alignent deviennent fréquentables.

• Le monde post 11 septembre 2001

Dans la matinée du mardi 11 septembre 2001, les États-Unis sous la direction présidentielle du républicain

---

[12] Mur érigé en 1961 séparant Berlin (Allemagne) en 2 blocs symbolisant matériellement antagonisme idéologique entre le communisme et l'ensemble capitaliste.

George W. Bush (43ᵉ président) ont été touchés par une attaque terroriste d'une certaine ampleur. En effet, plusieurs avions de vols intérieurs avaient été détournés et dirigés contre différentes cibles. La ville de New York a vu ses tours jumelles au cœur de son quartier d'affaires (World Trade Center), terrassées par 2 avions détournés. Les auteurs présumés ayant perpétré ces attaques sont identifiés comme musulmans originaires principalement du Moyen Orient.

Les conséquences de cet événement marquant l'entrée du 3ᵉᵐᵉ millénaire, ont été source d'innombrables secousses à travers le monde. Les dirigeants politiques américains acquis aux thèses néoconservatrices s'enfoncent dans un messianisme géopolitique en déclenchant leur guerre dite contre la terreur. Ainsi le monde est divisé selon leur narratif communicationnel bien rodé entre le « Bien » et le « Mal ».

L'Afghanistan (7 octobre 2001) et l'Iraq (20 mars 2003) subirent frontalement les engrenages guerriers des États-Unis et ses alliés (principalement du camp occidental). L'Afghanistan taliban, parce qu'il était considéré comme la base arrière des groupes terroristes impliqués (notamment Al-qaeda du saoudien Ossama Ben Laden) dans les attaques du 11 septembre. L'Iraq du baathiste [13] Saddam Hussein passe à la trappe également sous les faucons néoconservateurs américains en forcing par des motifs faux et injustifiés

---

[13] Du parti Baath (Parti socialiste de la résurrection arabe)

concernant la présence d'armes de destruction massive. À noter le réveil du monde russe avec l'arrivée au pouvoir aux débuts des années 2000 d'un ex-agent du KGB (Comité pour la sécurité de l'État) M. Vladimir Poutine. Un nostalgique de la puissance soviétique d'antan qui tenait à peser dans les relations internationales notamment face aux poussées hégémoniques de l'occident otanien[14] militariste. Une décennie après l'événement du 11 septembre 2001, plusieurs pays du monde arabe ont connu ce qu'on nomme le printemps arabe. Une déflagration populaire partie de la Tunisie en 2010 qui balaie ou secoue quelques régimes politiques fermés.

• La montée en puissance chinoise

La Chine habille et équipe l'humanité en ce début de 3ème millénaire. Qui peut éviter de compter parmi ses habits et ses équipements sur une année sans qu'il ne soit mentionné l'inévitable inscription « Made in China[15] » sur les étiquettes et les imprimés ?

La Chine qu'on assigne comme l'atelier du monde aujourd'hui, est une monumentale puissance économique qui ne laisse aucune nation indifférente. Dotée d'un droit de veto au Conseil de sécurité de l'Onu, ce géant asiatique est un défi imposant à la superpuissance étasunienne dans différents domaines. En plus du levier économique par lequel il exerce un certain maillage à l'international, le pays dispose d'une

---

[14] De l'Otan : Organisation du traité de l'Atlantique Nord
[15] Fabriqué en Chine

puissance militaire en développement et tient également une ambitieuse dynamique spatiale.

II – Focus sur d'autres leviers de l'univers géopolitique

~ La déclaration de Balfour du 2 novembre 1917 : Une missive signée du ministre britannique des affaires étrangères, Arthur Balfour, au nom du gouvernement britannique et envoyée à l'influente personnalité de la communauté juive en Grande-Bretagne, le baron Lionel Walter Rothschild. La teneur de la déclaration portait sur l'assentiment du gouvernement britannique pour « l'établissement en Palestine d'un foyer national pour le peuple juif ». Une Palestine sous domination britannique à l'époque. Une date référence pour comprendre le lourd et inextricable conflit israélo-palestinien qui sévit depuis bientôt 80 ans.

~ le système Onusien : le site *http://www.un.org/* le définit comme suit : « *Le Système des Nations unies, aussi officieusement la « famille des Nations Unies », est composé de l'Organisation des Nations Unies et de nombreux programmes, fonds et institutions spécialisées. Chacune de ces entités a sa propre direction, son propre budget et ses propres États membres.* ». Par exemple l'UNESCO (l'organisation des Nations Unies pour l'éducation, la science et la culture) qui siège à Paris, est une des institutions spécialisées. C'est elle qui a proclamé courant 2023 une Journée[16] internationale dédiée à la

---

[16]

https://unesdoc.unesco.org/ark:/48223/pf0000387374_fre#:~:text=16.,17.

langue soninké, le 25 septembre de chaque année. L'Onu comptait 51 pays membres fondateurs en 1945, actuellement on y dénombre 193 membres et le dernier État ajouté selon son site internet est le Soudan du Sud.

~ **L'Organisation du Traité de l'Atlantique Nord (OTAN)** : elle est le fruit d'un traité militaro-politique signé le 4 avril 1949. L'Otan représentait le bras militaire d'influence du noyau de l'Occident global (Sous patronage étasunien) face à l'ensemble communiste lors de la guerre froide. Dans son site internet *https://www.nato.int*, un focus particulier est mis sur son article 5 comme suit : « *En 1949, l'objectif premier du traité de l'Atlantique Nord – traité fondateur de l'OTAN – était de mettre en place un pacte d'assistance mutuelle visant à contrer le risque de voir l'Union soviétique étendre le contrôle qu'elle exerçait sur l'Europe orientale à d'autres parties du continent.* ». Aujourd'hui l'Organisation est perçue comme une puissance militaire à vocation impérialiste au service d'un noyau substantiel de l'occident global. À noter que la Turquie est membre de l'Otan depuis 1952.

~ **Le Pacte de Varsovie :** Dissous en juillet 1991, ce pacte signé le 14 mai 1955 à Varsovie (Pologne) tenait lieu d'une forme d'alter ego côté communiste face à l'Otan.

~ **La Conférence de Bandung (En Indonésie)** : Elle a lieu du 18 au 24 avril 1955 en regroupant quinze pays asiatiques, neuf pays du Proche-Orient (parmi eux Égypte et Arabie saoudite) et six pays africains (actuel Ghana, Éthiopie, Libéria, Libye, Somalie et Soudan).

Une publication [17] du *Monde diplomatique* en ligne présente schématiquement les positionnements des participants à la fin de la Conférence en des termes suivants : « *Trois camps s'affirment*

Aucune position commune ne se dégage en revanche à l'égard des Etats-Unis et de l'URSS. Trois tendances émergent : un bloc pro-occidental, avec principalement le Pakistan, la Thaïlande et la Turquie (mais aussi le Sud-Vietnam, le Laos, le Cambodge, les Philippines, le Japon, l'Irak, l'Iran, le Liban, l'Ethiopie, la Libye et le Liberia), un « bloc de l'Est », représenté par la Chine maoïste et la République populaire du Vietnam, et un troisième camp plus ou moins neutraliste, mené par l'Inde et l'Egypte, avec l'Indonésie, la Birmanie, l'Afghanistan, la Syrie, la Jordanie, l'Arabie saoudite, le Yémen, le Soudan et la Côte-de-l'Or (Ghana). La réalité des alliances de chaque pays est un obstacle à l'objectif de Nehru de créer une force neutre dans la guerre froide. Le Pakistan et d'autres pays soutiennent au contraire la liberté d'adhérer à des formes collectives de défense.

Mais l'esprit de Bandung fait évoluer les idées de neutralisme et de non-alignement. L'idée d'une troisième voie indépendante fait son chemin. Un an plus tard, à Brioni, en Yougoslavie, se tiendra entre Nasser, Nehru et le maréchal

---

[17] https://www.monde-diplomatique.fr/publications/manuel_d_histoire_critique/a53274

Tito la première conférence qui sera le prélude à la création, en 1961, du mouvement des non-alignés. »

~ L'OUA (Organisation de l'Unité Africaine) ... l'UA (Union Africaine) : l'Organisation de l'Unité Africaine est l'ancêtre de l'UA qui représente une structure interétatique du continent africain. Une brève description faite de l'Union dans une publication[18] de son site internet *https://au.int*, l'ambitionne comme suit : *« L'Union africaine (UA) a été officiellement créée en juillet 2002 à Durban, en Afrique du Sud, suite à une décision prise en septembre 1999 par l'organisation pionnière, l'OUA de mettre en place une nouvelle organisation continentale à l'effet de consolider ses acquis. La décision de création d'une nouvelle organisation panafricaine était le fruit d'un consensus auquel étaient parvenus les dirigeants africains à l'effet de mobiliser le potentiel de l'Afrique, le besoin était ainsi créé de reporter l'attention loin des objectifs d'élimination du colonialisme et de l'apartheid, auxquels s'étaient concentrée l'OUA, pour la ramener vers une coopération et une intégration accrue des États africains et en faire le moteur de la croissance et du développement économique de l'Afrique. L'UA s'inscrit dans la vision « d'une Afrique intégrée, prospère et pacifique, dirigée par ses propres citoyens et représentant une force dynamique sur la scène internationale ». »*

---

[18]

https://au.int/fr/appercu#:~:text=La%20cr%C3%A9ation%20de%20l'%20de%20consolider%20ses%20acquis.

Plus d'une décennie après sa création, a-t-elle vraiment été à la hauteur des enjeux majeurs pour les peuples africains ? Si on osait répondre à cette question, je dirais NON et NON, beaucoup de bureaucratique et d'institutionnel du côté d'Addis-Abeba (son siège en Éthiopie), mais peu d'impact notable pour les populations africaines.

~ L'Organisation de la Coopération Islamique (OCI) : Une instance internationale se réclamant comme une représentation de l'ensemble musulman du monde d'une manière générique. On peut lire sous forme d'une devise dans un bandeau de son site internet *https://www.oic-oci.org* ceci : « *La Voix Collective du Monde Musulman* ». Également on peut s'y référer pour saisir une succincte substance [19] de sa genèse : « *L'Organisation de Coopération Islamique (OCI) est la deuxième plus grande organisation après les Nations unies avec 57 États membres éparpillés dans 4 continents. L'Organisation est le porte-voix du monde musulman dont elle assure la sauvegarde et la protection des intérêts dans l'esprit de promouvoir la paix internationale et l'harmonie entre les différents peuples du monde. L'Organisation a été créée sur décision du sommet historique qui a eu lieu à Rabat, Royaume du Maroc, le 12 rajab 1389 Hégire (25 septembre 1969), à la suite de l'incendie criminel de la Mosquée al-Aqsa de Jérusalem occupée. En 1970, la première réunion de l'histoire de la Conférence islamique des ministres des Affaires étrangères*

---

[19] https://new.oic-oci.org/SitePages/CommonPageFR.aspx?Item=1

(CIMAE) a été tenue à Djeddah et a décidé de mettre sur pied un secrétariat permanent basé à cette ville et dirigé par le Secrétaire général de l'Organisation. Amb. Hissein Brahim Taha est le douzième Secrétaire général à être investi de cette fonction qu'il assume depuis novembre 2021.

La présente charte de l'Organisation a été adoptée par la 3ème Conférence des Ministres des affaires étrangères tenue en 1972. La charte a fixé les objectifs et principes de l'Organisation et les moyens fondamentaux de renforcer la solidarité et la coopération entre les Etats membres. Au cours des quatre dernières décennies, le nombre des Etats membres a augmenté de 30 Etats membres fondateurs à 57 Etats. La charte a été mise à jour lors du 11ème Sommet Islamique tenu à Dakar au Sénégal en 2008 pour s'adapter à l'évolution du monde islamique et répondre adéquatement aux exigences du 21ème siècle. »

L'organisation a son siège à Djeddah en Arabie saoudite. Est-elle efficace par rapport aux objectifs qu'elle s'était assignés ? L'actualité brûlante (les événements dans la bande de Gaza en Palestine, le Yémen, le Soudan…) pourrait y répondre mieux à coup sûr. Un autre exemple symptomatique de son état de fonctionnement politique déficitaire : l'Algérie et le Maroc, deux pays membres maghrébins ont leurs frontières fermées depuis 1994.

~ **La Ligue Arabe ou Ligue des États arabes :** Elle est une vieille organisation parmi les structures interétatiques dans le monde. Créée le 22 mars 1945 au Caire en Égypte, elle regroupe présentement vingt-deux États arabes. L'organisation a comme objectif phare : une étroite coopération entre ses membres dans divers domaines. Sur l'échelle internationale, elle ne brille pas par des fortes décisions à mettre à son actif. Une étude [20] sur l'organisation note en partie comme élément de conclusion ce qui suit : « *Cette étude nous renvoie à la question de s'interroger sur les raisons du réel frein à l'aboutissement d'une unité relationnelle entre les pays membres de la ligue. De là, il va sans dire que la principale problématique à laquelle la ligue des Etats arabes s'est heurté à ses débuts et continue de faire face jusqu'à présent, repose sur les conflits existants entre ses Etats, mais aussi une certaine ingérence externe d'autres Etats non arabes et non partie de la Ligue.* »

~ **L'Union Européenne (l'UE)** : La construction de l'Europe politique de l'après deuxième guerre mondiale a connu plusieurs étapes. Ainsi la constitution de l'UE est logée à la phase 3 comme groupe d'organisations européennes selon le site internet *https://european-union.europa.eu/index_fr* de l'institution. Un passage textuel[21] d'une publication du site est significatif pour comprendre sommairement l'organisation : « *La création de l'Union européenne par le* <u>*traité de Maastricht*</u> *a marqué une nouvelle étape dans le processus visant à une union politique européenne. Ce traité, déjà signé le 7 février 1992 à Maastricht, n'a pu entrer en vigueur que le 1ᵉʳ novembre 1993 en raison de plusieurs obstacles rencontrés lors de sa ratification (la population danoise n'a consenti à sa ratification qu'à l'issue d'un second référendum ; en Allemagne, un recours constitutionnel a été introduit contre l'approbation du traité par le Parlement). Il se définit lui-même comme une « nouvelle étape dans le processus créant*

---

[20] https://www.ipsa-afrique.org/la-ligue-arabe-face-au-defi-de-lunite-que-vous-inspire-les-relations-entre-les-pays-arabes/
[21] https://op.europa.eu/webpub/com/abc-of-eu-law/fr/

une union sans cesse plus étroite entre les peuples de l'Europe ». Il contient l'acte fondateur de l'Union européenne sans pour autant lui apporter la dernière pierre. L'Union européenne n'a donc pas remplacé la Communauté européenne mais a contribué à inscrire celle-ci dans un système commun avec de nouvelles politiques et de nouvelles formes de coopération. En ont résulté trois piliers sur lesquels repose l'UE. Le premier pilier était constitué des Communautés européennes : la CEE [rebaptisée CE (Communauté européenne)], la CECA (jusqu'en 2002) et la CEEA. Le deuxième pilier comprenait la coopération entre les États membres dans le cadre de la politique étrangère et de sécurité commune. La coopération entre les États membres en matière de justice et d'affaires intérieures constituait le troisième pilier. »

Cette organisation tient une certaine importance pour les États membres et également pour les peuples européens. Certes, elle ne fait pas une unanimité politique et économique en tout temps et en tous lieux, mais elle permet une voix européenne consensuelle dans divers domaines. Un cas illustratif récent nous ramène à l'accord signé avec la Mauritanie sur la problématique liée à l'immigration illégale. C'est courant février et mars 2024, une délégation européenne menée par la présidente de la Commission européenne Mme Ursula Von der Leyen, lire davantage https://fr.euronews.com/2024/02/09/lue-va-verser-210-millions-deuros-a-la-mauritanie-pour-la-lutte-contre-limmigration-illega , s'est faite remarquer sur cette question très intéressée auprès des opinions publiques européennes. Et si seulement l'Union Africaine, elle-aussi, faisait le 1/3 d'un dynamisme similaire.

À noter au passage un fait marquant ces dernières années (31 janvier 2020) dans l'actualité de l'UE, la sortie des britanniques de l'organisation appelée communément le « Brexit ».

~ **Les Brics :** Une organisation pouvant être relativement encartée dans un lointain sillage de la Conférence de Bandung par l'expression d'une certaine perspective de multipolarité de l'univers géopolitique. La plateforme en ligne *Géoconfluences* donne une description[22] bien fournie de l'institution en des termes suivants : « *Les BRICS sont un groupe géopolitique regroupant dix pays du « Sud global », notamment des grands émergents (Brésil, Chine, Inde), des puissances régionales (Afrique du Sud, Égypte, Iran, Russie), des pétromonarchies (Arabie saoudite, Émirats arabes unis) ou des pays précaires à forte croissance économique (Éthiopie). L'acronyme BRICS désigne initialement le rapprochement de quatre pays aux vastes territoires, les BRIC : le Brésil, la Russie, l'Inde et la Chine, auxquels s'est intégré l'Afrique du Sud en 2011. Depuis le sommet de Iekaterinbourg en 2009 (Capdepuy, 2024), le groupe des BRICS a pris la forme d'une conférence diplomatique à part entière, donnant lieu à un sommet par an, se déroulant à tour de rôle dans chacun des cinq États. Le but de ces sommets est d'affirmer la place majeure de ces pays sur la scène internationale, et de mettre*

---

[22] https://geoconfluences.ens-lyon.fr/glossaire/bric#:~:text=Les%20BRICS%20sont%20un%20groupe,forte%20croissance%20%C3%A9conomique%20(%C3%89thiopie).

en scène leur poids économique et politique, en particulier au regard d'autres États ou groupes d'États comme les États-Unis ou l'Union européenne. Le 1er janvier 2024, le groupe s'est élargi à cinq nouveaux membres, ce qui représente un basculement important dans son histoire : Arabie saoudite, Égypte, Émirats arabes unis, Éthiopie, et Iran. Cela portera le nombre de membres de cinq à dix (Loïzzo, 2023). L'acronyme est apparu pour la première fois en 2001 sous la plume de l'économiste britannique Jim O'Neill, dans un rapport de la banque d'investissement Goldman Sachs intitulé Building Better Global Economic BRICs (le "S" final étant celui du pluriel et ne désignant pas l'Afrique du Sud). L'article établissait une projection de croissance montrant que ces pays, déjà importants dans l'économie mondiale en raison de leurs vastes marchés intérieurs, étaient appelés à peser de plus en plus, étant donné leur croissance économique annuelle rapide. On peut y voir un exemple de performativité du discours, dans la mesure où l'annonce, par une grande banque d'investissement, du fort potentiel économique de ces pays, a pu encourager les investisseurs et contribuer à leur croissance et à leur émergence rapide. L'acronyme inventé par un économiste est finalement devenu une réalité économique et politique. »

Dans l'avenir, il faut bien compter avec des BRICS pouvant peser davantage dans les relations internationales.

~ **Le Sud Global** : D'une manière générique, il serait encarté comme « des BRICS » élargis dans un ensemble global (Tiers-Monde + Puissances émergentes ou confirmées) contestant (ou résistant au) le *lead* géopolitique du monde Occidental à propos des diverse problématiques dans les affaires internationales, à titre illustratif : l'actuelle guerre russo-ukrainienne ou l'opération spéciale russe en Ukraine selon un autre prisme d'analyse. Un article[23] du site Géoconfluences lui donne une introduction suivante : « *Le Sud global est une notion géopolitique regroupant une variété de pays ayant peu de points communs, de grandes puissances comme la Chine ou l'Inde à des pays en grande précarité. Loin d'une approche qui nierait ou minimiserait son existence, ou au contraire l'érigerait en épouvantail d'une coalition anti-occident, l'article montre que le Sud global désigne surtout une revendication, croissante et destinée à faire entendre sa voix, pour un ordre international plus multipolaire et moins unidirectionnel.* ».

Il est à insérer dans les mécanismes globaux et transversaux d'un dynamique souffle d'expression multipolaire de la vie internationale entre Nations et groupement des Nations.

---

[23] https://geoconfluences.ens-lyon.fr/informations-scientifiques/dossiers-thematiques/inegalites/articles/sud-global

III – La Mauritanie géopolitique en 5 points clés

1 – Son environnement géographique : pays d'Afrique de l'Ouest, maghrébin occasionnel et largement situé dans la bande saharo-sahélienne, la Mauritanie couvre une superficie de 1 030 700 km2. Le pays partage une longue frontière avec le Mali (une partie Sud et Est sur 2 237 km), avec le Sénégal (une partie Sud avec le tracé du fleuve Sénégal sur 813 km), avec le Sahara occidental et l'Algérie (Nord sur 1 561 km et 463 km) et il est bordé à l'Ouest par l'Océan Atlantique (sur 754 km). Selon les données[24] mises à jour en date du 19 mars 2024 sur le site internet de la banque mondiale, sa population est estimée à 4,9 millions d'habitants (2023). Le découpage administratif du pays est fait de 13 régions (Hodh El Chargui, Hodh El Gharbi, Assaba, Gorgol, Brakna, Trarza, Adrar, Dakhlet Nouadhibou, Tagant, Guidimagha, Tiris Zemmour, Inchiri et Nouakchott). Sa capitale est Nouakchott au bord de l'océan Atlantique.

2 – Son environnement social et politique : l'Article premier de sa Constitution précise « *La Mauritanie est une République Islamique, indivisible,*

---

[24] Voir

https://www.banquemondiale.org/fr/country/mauritania/overview

démocratique et sociale. La République assure à tous les citoyens sans distinction d'origine, de race, de sexe ou de condition sociale l'égalité devant la loi. Toute propagande particulariste de caractère racial et ethnique est punie par la loi. »

La langue officielle est l'Arabe et les autres reconnues constitutionnellement sont dites langues nationales, le Soninké, le Poular et le Wolof. En déduire selon la vision politique sous-entendue en la matière, il y a 4 ensembles communautaires qui sont : les Maures, les Soninkés, les Peulhs et les Wolofs. En Mauritanie plus qu'ailleurs l'appartenance identitaire est traitée ou « exploitée » sous un prisme foncièrement politique. Ainsi un passage du préambule de la constitution nous informe : « *Conscient de la nécessité de resserrer les liens avec les peuples frères, le peuple Mauritanien, peuple musulman, arabe et africain, proclame qu'il œuvrera à la Réalisation de l'unité du Grand Maghreb, de la Nation Arabe et de l'Afrique et à la Consolidation de la paix dans le monde.* »

Il suffit de s'intéresser à la gouvernance politique, économique, institutionnelle et sécuritaire, on verra tout bonnement que le curseur de la balance entre « Arabité » et « Africanité » est en déséquilibre en faveur d'une « Arabité » entretenue par un ordre étatique prégnant de nombreuses années durant. Par conséquent, cette « arabité » politisée et « chauvine » fait référence à l'ensemble des locuteurs (communément appelés les Maures) de langue Hassanya (un dialecte dérivé de la langue arabe). Ce groupe sociolinguistique Maure regroupe des Noirs (majoritairement Harratines[25]) et des Arabo-berbères (Arabes et Berbères arabisés ou génériquement appelés Beydanes).

3 – Son environnement géopolitique régional : le pays est membre de l'atone Union du Maghreb Arabe (Uma). Elle a été créée le 17 février 1989 à Marrakech (Maroc). Les autres États membres sont : le Maroc, l'Algérie, la Tunisie et la Libye. L'appartenance du pays à l'UMA peut être l'expression d'un symbolisme « soigné » pour justifier un encrage quasi obsessionnel dans le paysage arabe idéalisé. Certains courants politiques du pays bien introduits dans le noyau étatique tiennent à ce prolongement idéologique et identitaire à la « *Nation Arabe* ». Le flanc Nord du pays est toujours sous tensions « passives » héritées du conflit du Sahara Occidental entre marocains et algériens. Le pays soigne ses positions de « neutralité pacifiste » dans cette « affaire Sahraouie » depuis son retrait du territoire. Retrait qui a été résumé

---

[25] « Le mot haratine est un mot arabe qui veut dire « accéder à la liberté ». En hassania, dialecte local, haratine signifie affranchi. » précision du terme donnée l'ancien diplomate Mohamed Yahya Ould Ciré dans https://www.lepoint.fr/afrique/la-question-des-haratines-est-la-plus-brulante-en-mauritanie-05-11-2019-2345242_3826.php#11

dans une publication [26] du site internet *Perspective Monde* : « *La Mauritanie a occupé la partie sud du Sahara occidental en 1975, à la suite du retrait de l'Espagne. Elle quitte cette région en août 1979, après une guerre d'usure de trois ans et demi face au Polisario, un mouvement luttant pour l'indépendance du Sahara occidental.* »

La Mauritanie est également membre depuis 1973 de la Ligue Arabe.

Du côté ouest-africain, la Mauritanie fut parmi les membres fondateurs de l'organisation phare sous-régionale, la Communauté économique des États de l'Afrique de l'Ouest (CEDEAO) lors de la signature du Traité de Lagos (Nigéria) le 28 mai 1975. Et pourtant en l'an 2000, le pays s'en est retiré. Cette décision a été récemment (31 janvier 2024) analysée par le journaliste mauritanien M. Diagana Khalilou dans un article [27] publié sur une plateforme médiatique allemande https://www.dw/fr : « *Le retrait de la Mauritanie de la Cédéao n'était pas lié à une crise ou des sanctions consécutives à un coup d'État. La décision de Nouakchott, pourtant membre fondateur de cette communauté, avait été perçue comme une réorientation diplomatique vers l'Union*

---

[26]

https://perspective.usherbrooke.ca/bilan/servlet/BMEve/946

[27] https://www.dw.com/fr/retrait-mauritanie-c%C3%A9d%C3%A9ao-burkina-mali-niger/a-68129115

du Maghreb arabe, dont la Mauritanie est membre fondateur en 1989. »

Le pays est membre fondateur de l'Organisation pour la Mise en Valeur du fleuve Sénégal (OMVS) créée le 11 mars 1972. Elle est composée de la Mauritanie, du Mali, du Sénégal et de la Guinée (depuis 2006). Elle se définit comme « *un levier pour le développement intégré* » autour du fleuve Sénégal qui s'écoule sur 1 790 km. Son siège est à Dakar, la capitale sénégalaise. L'actuel Haut-Commissaire (8e de l'organisation) est le mauritanien M. Mohamed ABDELVETAH.

La Mauritanie est membre de la structure de coopération politico-sécuritaire G5 Sahel créée le 16 février 2014 à Nouakchott. Elle couvrait une bande sahélienne allant de la Mauritanie au Tchad. L'alliance censée mutualiser les efforts « antijihadistes » dans les zones concernées, a été soupçonnée par certains États membres (Mali, Burkina Faso et Niger) d'être un instrument d'ingérence néocolonialiste de l'ancien occupant français. Après les départs de ces 3 pays du groupe, la Mauritanie et le Tchad restants ont annoncé sa dissolution le 6 décembre 2023, lire davantage https://www.france24.com/fr/afrique/20231206-g5-sahel-mauritanie-tchad-dissolution-force-alliance-antijihadiste-mali-burkina-faso-niger . À noter qu'une nouvelle organisation sous le nom de l'AES (Alliance des États du Sahel) voit le jour le 16 septembre 2023 regroupant le Mali, le Burkina Faso et le Niger (dirigés par des régimes militaires) dans une dynamique souverainiste et anti-impérialiste. Également la

Mauritanie est membre du Comité permanent Inter-Etats de lutte contre la Sécheresse dans le Sahel (CILSS) qui a été fondé le 12 septembre 1973 et compte actuellement 13 États membres. Ouagadougou, la capitale Burkinabè abrite son siège.

4- Dates et événements saillants ou mouvementés en bref : Nous pouvons référer à titre introductif à une publication[28] résumée du site internet de la plateforme pédagogique en géopolitique *Perspective Monde*, qui décrit comme suit : « *Territoire français d'outre-mer depuis 1946, la Mauritanie devient une république islamique autonome, au sein de la Communauté française, en 1958. Malgré les protestations du Maroc, qui la considère comme partie intégrante de son territoire, elle proclame son indépendance en 1960. Le président Moktar Ould Daddah (1961-1978) et le Parti du peuple mauritanien, parti unique, dominent la vie politique de ce jeune pays dont une grande partie de la population vit dans la pauvreté. Les militaires renversent le président en 1978 et instaurent un Comité militaire de salut national. Des réformes démocratiques, dont la tenue d'élections multipartites, qui ont lieu en 1992, sont adoptées sous le règne du colonel Maaouya Ould Taya, au pouvoir depuis 1984. Ce dernier remporte la victoire à cette occasion, et de nouveau en 1997.*

---

[28]

https://perspective.usherbrooke.ca/bilan/servlet/BMHistoriquePays/MRT

La validité du processus électoral est toutefois contestée par l'opposition. D'autres coups d'État, effectués au début du XXIe siècle, rappellent la fragilité de la démocratie mauritanienne, malgré une transition pacifique à la présidence en 2019. La lutte contre le terrorisme et un développement économique mieux réparti demeurent des défis du gouvernement. »

• Le congrès d'Aleg tenu du 2 au 5 Mai 1958 à Aleg (Région de Brakna). Nous rapportons le témoignage[29] recueilli et publié en 2018 par le site www.flam-mauritanie.org d'un participant au congrès à l'époque du nom Thierno Sada Baba LAM (l'Imam titulaire de la grande mosquée de Boghé dans la région de Brakna). Ainsi dans son propos qui suit, il résumait en gros la teneur du conclave politique marquant un rendez-vous important dans la genèse de notre Mauritanie actuelle : *« Les débats selon le nonagénaire étaient focalisés sur la création d'un état fédéral entre le Nord, le Sud et l'Est du pays ou l'intégration des pays voisins. « Les Halpulars présents au congrès optaient pour un état fédéral. Ceux qui venaient des deux Hodhs défendaient l'intégration au Mali alors que les Nordistes optaient majoritairement pour l'intégration au Maroc ». Après trois jours de débat sur la nature de l'Etat à adopter, Abdarrahmane O Soueîd'Ahmed, Emir du Tagant est désigné porte-parole du congrès. Ce dernier dit-il, prend la parole vers minuit, et dit à l'assistance*

---

[29] https://flam-mauritanie.org/le-congres-daleg-lacte-de-naissance-dune-mauritanie-segregationniste-thierno-sada-baba-lam-un-survivant-du-congres-daleg-temoigne/

: « *pas de fédération, ni d'intégration au Mali, ni au Maroc. S'il faut intégrer un pays, moi Abdarrahmane O Soueîd'Ahmed, je choisirai le Sénégal. Mais, moi, je choisis la Mauritanie, Mauritanie El Jédid* ». *C'est ce jour que qu'il a été écrit en arabe et en français* « *République Islamique de Mauritanie* ».

Ce congrès était également une forme de conclave élitiste réunissant des féodaux tribalo-communautaires issus de différents groupes. À l'évidence, à l'époque les « cadets sociaux » du côté arabo-berbère comme ceux issus de l'ensemble négro-mauritanien (soninké, peulh et wolof) ne pouvaient espérer publiquement une représentativité substantielle pour contribuer politiquement. « Accablés » et relégués socialement par l'esclavage, la féodalité et les discriminations liées au genre (les femmes), ces assignés statutairement imposés à des degrés divers furent un inconnu omis dans l'équation posée pour la fiche identitaire en construction du pays.

• Le 28 novembre 1960, le jour de l'indépendance de la République Islamique de Mauritanie. De son statut de territoire d'outre-mer en 1946, ensuite d'une république autonome au sein de la communauté française en 1958, le pays devenait indépendant cette journée du 28 novembre 1960 sous la direction du président M. Moktar Ould Daddah.

• Remous dans le milieu scolaire autour l'introduction au forcing par la loi du 30 janvier 1965 de la langue arabe dans le secondaire. Les élèves noirs des lycées de Nouakchott et de Rosso se sont mis en grève dite illimitée contre la mesure à partir du 4 janvier 1966. Le 6 janvier, 19 cadres et fonctionnaires Noirs signent un Manifeste de soutien aux élèves grévistes. La réaction du régime en place a été rude avec l'arrestation des 19 signataires du Manifeste. Pour rappel parmi ces 19, figurent entre autres l'ingénieur des TP M. DAFFA Bakary et l'instituteur M. COULIBALY Bakary (issus de la communauté soninké. Un article[30] coécrit par Messieurs Ciré BA et Boubacar DIAGANA, publié le 11 février 2018 par le site www.lecalame.info fait un retour historiquement édifiant sur ces événements de 1966.

• La création de la monnaie nationale Ouguiya, ce terme en hassanya (l'arabe dialectal mauritanien) signifie « once ». C'était le 18 juin 1973, ainsi la Mauritanie quittait la zone du franc CFA et dispose de sa propre monnaie. L'expression d'une certaine fierté souveraine qui revêt un haut rang visionnaire avec le recul et surtout ce qui est dit dans l'actualité autour du franc CFA dans certains pays limitrophes et dans la sous-région.

• 10 juillet 1978, le président Moktar Ould Daddah est renversé lors d'un coup d'État dirigé par le lieutenant-colonel Moustapha Ould Mohamed SALECK. Un comité militaire de redressement national est aux commandes du pays. C'était l'entame d'une phase d'entrée de l'armée comme système de gouvernance au

---

[30] http://www.lecalame.info/?q=node/6833

cœur de l'appareil étatique. Le 12 décembre 1984, un mystérieux colonel Maaouiya Ould Sid 'Ahmed TAYA arrive au pouvoir et le tient jusqu'au 3 août 2005. C'est durant son règne de 21 ans que la Mauritanie a connu les pages les plus sombres de son histoire politique. Sous influence extérieure d'un panarabisme chauvin et négrophobe à son paroxysme, l'État militariste est accusé d'avoir commis d'innombrables violations des droits humains à l'encontre d'une partie de la composante négro-mauritanienne. Lors des événements de 1989, le régime de Taya avait déporté plusieurs citoyens mauritaniens vers le Sénégal et le Mali. Ces graves violations que d'aucuns indexent de passif humanitaire ou de tentative de génocide, restent toujours des nœuds de convulsions dans la vie sociale et politique du pays. Une autre référence liée à ce passé politique sinistre est le 28 novembre 1990. À l'occasion du 30ᵉ anniversaire de l'indépendance, 28 militaires issus majoritairement du groupe sociolinguistique Peulh auraient été triés et assassinés par certains de leurs « camarades » d'armes. Ces actes perpétrés si graves ne sont pas toujours judiciarisés dans le pays afin d'avoir des clarifications et une justice tant attendue par les victimes et les ayants droit. Et surtout une loi d'amnistie qui fait l'objet une fixation problématique dans les opinions publiques militantes est en vigueur depuis 1993. Ci-après quelques passages significatifs concernant cette Loi : « La loi d'amnistie a été rendue publique le 14 juin 1993 dans le journal officiel sous le titre « *Loi numéro 93-23 du 14 juin 1993 portant Amnistie ». La loi dispose qu'amnistie pleine et entière est accordée :*

1) aux membres des forces armées et de sécurité auteurs des infractions commises entre le 1ᵉʳ janvier 1989 et le 18 avril 1992 et relatives aux événements qui se sont déroulés au sein des forces et ayant engendrés des actions armées et des actes de violences.

2) Aux citoyens mauritaniens auteurs des infractions subites aux actions armées, actes de violences et d'intimidations entrepris durant la même période.

Arrêté 2 : toute plainte, tout procès-verbal ou document d'enquête relatif à cette période et concernant une personne ayant bénéficié de cette amnistie, sera classé sans suite. ». Lire davantage via https://rmi-info.com/loi-damnistie-1993-a-quand-un-deverrouillage/ .

• En 1991 avec une Nouvelle Constitution instaurant le multipartisme, un laborieux ordre démocratique prend corps sous contrôle en arrière-plan de l'armée. Cette dernière garde ou surveille une mainmise politico-sécuritaire et économique sur le pays. Et cette année 2024, l'échéance électorale pour les présidentielles pointe à l'horizon (courant juin), l'actuel président depuis 2019, un ancien haut gradé de la *grande influente* (l'armée) ne risque pas d'être trop bousculé pour sa réélection. À suivre…

La présidentielle de 2024 en Mauritanie en brèves notions de prospective : Défaites honorables ou écrasement définitif pour les oppositions ?

Nous sommes en fin février 2024, à justement 4 mois pleins de l'échéance électorale pour la présidentielle en Mauritanie, prévue en juin. D'abord pour se faire une idée sur les forces "*brutes*" en mouvement, on se doit de jauger à partir des dernières élections générales (législatives, régionales et municipales) tenues les 13 et 27 mai 2023. Le parti de l'équité (El Insaf) qui constitue le support civil et électoral du système de l'état profond (majorité perpétuelle) avait raflé aisément la mise avec 107 députés et 13 conseils régionaux sur 13. Et sur les 3 derniers rendez-vous électoraux (élections générales) 2013, 2018 et 2023, ce parti de la force étatique dans les sillons de son ascendant Upr (Union pour la république) tient l'essentiel de la gouvernance politique. Lors de la présidentielle de 2019, une transition interne a été montée au forceps pour assurer la continuité d'une majorité de l'état profond (l'armée). L'actuel occupant du palais ocre, M. Mohamed Cheikh El-Ghazouani avait remporté l'échéance de juin 2019 (52%) dans une atmosphère douteuse à rappeler quant à la transparence du scrutin. Un trio l'avait suivi par rang de pourcentages composé du leader abolitionniste M. Biram Dah Abeid (candidat indépendant) 18,59%, de l'ancien premier ministre M. Sidi Mohamed Ould Boubacar (candidat soutenu par les islamistes de Tawassoul et d'autres mouvements disparates plus ou moins proches du système) 17,87% et de M. Kane Hamidou Baba (paix à son âme) portant les couleurs de la Coalition Vivre Ensemble avec 8,70%.

Ainsi de ce schéma du paysage politique, il faut noter l'illisibilité et l'imprévisibilité d'une certaine opposition dite historique "UFP (Union des Forces du Progrès) et RFD (Rassemblement des Forces démocratiques)" respectivement de M. Mohamed Ould Maouloud et de M. Ahmed Ould Daddah. Ces partis se seraient visiblement rangés du côté de "la majorité perpétuelle" autour d'un pacte dit républicain qui est loué étrangement à outrance sans effets concrets dans le réel. Il est sûr qu'ils avaient perdu l'élan populaire depuis quelques années, et ils espèrent une forme de virilité politique par du communicationnel pour gommer un virage de renoncement certain. À suivre de près leurs positionnements pour la présidentielle...

Il faut relever au passage une actualité brûlante autour d'une plainte introduite par le président de l'UFD contre le député Biram. On s'interroge si cette action judiciaire peut coûter une éventuelle candidature du président des Réseaux IRA-Mauritanie... un suspense !

Alors, face au candidat de l'establishment (L'état, El Insaf, Udp...), on suivra l'embouteillage possible entre les rusés de Tawassoul *encarté islamiste* (Le Rassemblement National pour la Réforme et le Développement), la dynamique coalition autour du FRUD (Front républicain pour l'unité et la démocratie) de M. Diop Amadou, le leader antiesclavagiste Biram Dah Abeid et les restes de l'éventail large Coalition Vivre Ensemble. L'idéal serait qu'une candidature intelligente unique émerge de ces ensembles en formant un pôle politique programmatique pour provoquer une véritable dynamique populaire vers une possible alternance. En basant sur les observations du moment, cette candidature unique est peu probable, ainsi il y aura du bis repetita avec le passage confortable du candidat sortant à la grande élection et un partage des miettes entre les candidats de la petite élection. C'est dans cette petite élection que se dessinent les couleurs des défaites.

Possiblement entre le député M. Biram Dah Abeid (indépendant ou Coalition) et le député et avocat M. El Id Mohameden M'Bareck (Ex RFD aujourd'hui figure marquante de la Coalition Espoir Mauritanie-Frud), se jouera la place 1 dans la petite élection. Pour rappel en 2014 et 2019, le candidat indépendant BDA avait gagné cette petite élection par les scores suivants : 8.67% et 18,59%. Focus en juin prochain...qui avec quel score ?

Et le candidat de l'état profond va-t-il atteindre le pourcentage obtenu par son prédécesseur Ould Abdel Aziz en 2014, 81,89%... ?

Une certitude est à rappeler, les données électorales ont leur mémoire bien têtue, ce qui ne semble pas être le cas chez le personnel politique des oppositions. Et si seulement une inspiration leur venait d'outre fleuve Sénégal avec la *Coalition Diomaye Président* qui vient de réussir un éclatant succès électoral le 24 mars 2024. C'est l'élection dès le premier tour avec 54,28% de M. Bassirou Diomaye Diakhar Faye (44 ans) à la tête du Sénégal. Issu du camp souverainiste se réclamant de l'opposition antisystème (ex Pastef[31]) dont la figure de proue est M. Ousmane Sonko nommé tout fraîchement Premier ministre du pays.

Pareil changement démocratique est peu probable dans nos sables mouvants où il n'y a pas les ressorts sociaux, idéologiques et politiques visionnaires d'une certaine cohérence en termes de leadership et de profondeur programmatique.

KS

Une contribution du Blog en date du 26 février 2024 (revue et mise à jour)

5 – Quelques écueils à éradiquer nécessairement pour construire une véritable Nation Mauritanienne : Osons le dire avec une intime humilité, notre pays peut être construit comme la prospère Suisse lotie au cœur du continent européen. Bien évidemment, c'est facile et simpliste comme hâtive aspiration. Il nous faut travailler et surtout travailler sur nous. « *L'Homme mauritanien* » est appelé à se libérer d'une certaine massivité « culturelle » et ethno-raciale (les motivations et reflexes suprémacistes d'ordre racial ou féodalo-esclavagiste) et d'habiter pleinement la citoyenneté. Et également d'épouser une tenace dose patriotique au sens *aéré*, humaniste et

---

[31] Patriotes Africains du Sénégal pour le Travail, l'Ethique et la Fraternité (sa dissolution est annoncée le 31 juillet 2023 par le gouvernement sous le président sortant Macky Sall)

progressiste (sans complexe d'infériorité ni complexe de supériorité). Ainsi, il nous faut affronter frontalement nos passifs lourds qui sont principalement : solder sérieusement (l'abrogation de la loi d'amnistie de 1993 et appliquer une justice transitionnelle) les exactions extrajudiciaires (civils et militaires dans les années sombres), instaurer un ordre étatique équitable reflétant rigoureusement les différentes expressions socio-culturelles du pays, officialiser toutes les langues nationales, refonder ou réformer le découpage administratif et électoral pour assoir une juste représentativité démocratique, dépolitiser le système éducatif avec une pertinente vision axée sur un creuset-vivre-ensemble national et une ouverture internationale, réorganiser les leviers économiques et sociaux orientés vers le bien-être commun etc. Notre commune appartenance confessionnelle à l'écrasante majorité peut être une dynamique morale et spirituelle à exploiter pour le succès d'une telle entreprise nationale tant désirée par l'ensemble des voix justes qui existent dans toutes les composantes sociales et communautaires.

➢ **Les chefs d'état et présidents du pays depuis son indépendance** :

Moktar Ould Daddah, du 28 novembre 1960 au 10 juillet 1978

Moustapha Ould Mohamed Saleck, du 10 juillet 1978 au 3 juin 1979

Mohamed Mahmoud Ould Ahmed Louly, du 3 juin 1979 au 4 janvier 1980

Mohamed Khouna Ould Haidalla, du 4 janvier 1980 au 12 décembre 1984

Maaouiya Ould Sid'Ahmed Taya, du 12 decembre 1984 au 3 août 2005

Ely Ould Mohamed Vall, du 3 août 2005 au 19 avril 2007

Sidi Ould Cheikh Abdallahi, 19 avril 2007 au 6 août 2008

Mohamed Ould Abdel Aziz, du 6 août 2008 au 15 avril 2009

Ba Mamadou M'Baré par intérim, 15 avril 2009 au 5 août 2009

Mohamed Ould Abdel Aziz, 5 août 2009 au 1er août 2019

Mohamed Ould Ghazouani, du 1er aoû 2019 en fonction

IV – Annexe : Interviews du BLOG

~Entretien 1 :

• *Question 1 : Bonjour Monsieur Muhammad Marega, pouvez-vous vous présenter à nos lecteurs ?*

Mahamadou Marega : Je m'appelle Mahamadou Marega. Je suis étudiant, à l'université Cheikh Anta Diop de Dakar. Et je suis titulaire d'une licence en études arabes (option pensée islamique).

• *Question 2 : En tant que jeune africain universitaire, êtes-vous engagé dans une Cause (politique, associative, culturelle ou sociale) d'intérêt général ? Si oui dans quel cadre et avec quels moyens pour atteindre vos objectifs ?*

MM : Pour le moment, je ne suis membre de façon active dans aucune association à caractère politique, social, culturel ou humanitaire. Même s'il y a des associations avec qui, je suis en phase sur le plan idéologique et que je défends de façon sympathique.

• *Question 3 : Ces dernières années la communauté soninké connaît des soubresauts sociaux autour de la problématique de l'esclavage par ascendance, quelle analyse faites-vous de la situation ? Vos commentaires sur la dynamique abolitionniste transnationale en cours portée par le mouvement Gambanaaxu Fedde..?*

MM : effectivement, la société soninké traverse des grands problèmes d'ordre sociétal, politique et économique. Et la problématique de l'esclavage par ascendance fait partie de ces problèmes-là, il faut le reconnaître. Par ce que pour résoudre un problème ça commence par reconnaître son existence. Le nier, c'est le condamner à se développer et à se complexifier. Bref, notre société est conservatrice et inégalitaire, et il y a beaucoup de paradigmes qui ne conviennent plus à notre époque. L'esclavage par ascendance est l'une des tares congénitales de notre société. Nous devons y faire face pour l'éradiquer par tous les moyens possibles. En ce qui concerne le mouvement Gambanaaxu Fedde, je pense que franchement parler, c'est un mouvement avant-gardiste et humaniste par sa philosophie qui prône l'égalité et la justice sociale. Cela dit, un tel mouvement doit être soutenu, parce qu'il y va de l'avancée de notre société.

• Question 4 : Quelles pistes de solutions pensez-vous nécessaires pour débloquer les régimes d'organisation coutumière dans certaines sociétés ouest-africaines figées dans des hiérarchies sociales datant d'une époque lointaine (par exemple le cas soninké) ?

MM : comme je l'ai dit plus haut, la société conservatrice qui obéit à une stratification socioprofessionnelle qui, répondait autrefois à des besoins sociétaux, mais force est de reconnaître que le système d'organisation sociale et coutumière n'a plus sa raison d'être. Car, il constitue un véritable obstacle au développement du Soninkara. D'où la nécessité de mener un combat aussi intellectuel que pratique en vue de le changer.

• *Question 5 : Votre pays, le Sénégal a connu certains mouvements contestataires et d'autres qui y couvent liés à la vie politique, qu'est-ce qui perturbe réellement la démocratie sénégalaise connue comme relativement sereine en comparaison à d'autres pays voisins historiquement ?*

MM : Il y a deux points, à mon humble avis, qui perturbent et empêchent la démocratie sénégalaise de jouer pleinement son rôle : le fait que la justice n'est pas indépendante, puisque sans une justice indépendante devant laquelle tous les citoyens sont égaux et justiciables, et d'autre part, le manque d'équité social en matière de redistribution de richesses. Ce qui crée une frustration chez beaucoup de gens, notamment, les jeunes qui n'ont plus des perspectives et les événements du 23 Mars en ce sens sont une preuve éclatante.

• *Question 6 : Le fait culturel, politique et social autour de la Religion dans nos communautés et nos pays, constitue une donnée importante, complexe et à la fois sensible, quelle lecture globale faites-vous de cette situation ?*

MM : Mon avis, le fait culturel et le fait religieux sont indissociables puisque la culture est le réceptacle de la religion, mais cela ne veut pas dire que la religion doit être complètement moulée dans le fait culturel. Seulement, avoir l'intelligence de lire le corpus religieux sous la lumière de nos réalités socioculturelles, faute de quoi il y aura toujours des tensions ou des incompréhensions qui peuvent empêcher la religion de jouer pleinement son rôle à la fois éducatif et spirituel.

-Fin

Réalisé le 23 décembre 2021 pour le Blog https://ecrit-ose.blog/

~Entretien 2 :

• *Question 1 : Bonjour monsieur Cissé, nos remerciements pour votre disponibilité, pouvez-vous vous présenter à nos lecteurs ?*

Bacary Cissé : D'emblée, je vous remercie de m'avoir honoré en me donnant l'occasion pour exprimer mes avis sur certaines de vos questions. Pour faire simple, je suis Muhamad Bacary Cissé ou Bacary Cissé les deux noms sont valables, mauritanien originaire de Guidimagha, village Hasse Baghra, étudiant en études supérieures, en Algérie, spécialité : philosophie.

• *Question 2 : Vous êtes un membre actif de l'association Mohamed Askia Touré en Mauritanie, quelle a été la genèse de cette structure ? Et aussi quels sont ses objectifs fondamentaux ?*

BC : Muhamad Askia Touré est une association des jeunes, créée à partir de plusieurs facteurs, mais la principale motivation était la veille sur la société car nous appartenons à d'autres organismes actifs et nous avons des connaissances et des amis issus d'autres segments membres des associations qui sont au service de leurs sociétés, et nous avons pensé : pourquoi ne pas en faire autant pour la nôtre !

Le but principal de cette association est d'agir à travers trois volets essentiels : la « prédication » compte tenu du fait que la réforme religieuse est l'une des réformes sociales les plus importantes, car si notre religion se porte bien, le reste sera bien. Le volet « culture » parce que la culture est la figure saillante de chaque société et c'est par la culture que les sociétés se distinguent les unes des autres, raison pour laquelle nous travaillons à faire connaître notre culture qu'est le symbole d'unité sociale mais également à y veiller sans pour autant renfermer sur nous-mêmes vis-à-vis des autres cultures, loin de là, nous en prenons ce qui nous sert.

Et enfin le volet « action caritative » c'est-à-dire faire office de médiation entre d'une part, ceux qui sont privilégiés, et d'autre part, ceux qui sont défavorisés.

● *Question 3 : La Mauritanie vient de clore une échéance des élections générales (municipales, régionales et législatives), quel commentaire-bilan faites-vous en tant qu'observateur et acteur indirect ?*

BC : C'est vrai malgré la nette amélioration que l'on pourrait compter parmi les points positifs de ces dernières élections, mais ça a créé une grande polémique chez l'opinion nationale à cause de violations qui ont eu lieu au cours du scrutin et les opérations de falsification dont les résultats ont été contestés. En effet, nous avons suivi la marche de l'opposition pour contester ces résultats, de la même manière que le scrutin a été refait dans six bureaux dans le département de Mbout au niveau de la région Gorgol. Tous ces éléments montrent la non-transparence de ces élections. En outre, il n'y a pas un grand espoir de changement dans cette situation, c'est une réalité que j'avais espéré et sur laquelle j'ai écrit un article publié sur le site « akhbar info » dans la foulée de ces élections.

● *Question 4 : Ces dernières années, la communauté soninké vit beaucoup de frictions sociales liées à l'organisation intra-communautaire (féodalisme, discriminations...) et au phénomène de l'esclavage statutaire, comme jeune soninké lettré en phase universitaire, quelles sont vos réflexions à propos ? Et éventuellement vos visions et solutions d'avenir pour plus d'entente sociale ?*

BC : La situation actuelle ou telle que j'appelle « la crise sociale soninké » est une question très complexe qui exige de nous une certaine précaution et de la profondeur. Avec tous mes respects pour toutes les tentatives entreprises jusqu'ici pour y mettre fin, à mon avis, elles ne sont pas suffisantes, que ça soit pour celui qui regarde sous l'angle de la religion seulement. Parce que c'est une question qui contient plusieurs domaines « religieux, social, historique et même économique »

Ni celui qui se révolte contre le social traditionnel avec des moyens inappropriés tels que l'insulte, le dénigrement et souvent avec la violence physique, ni les défenseurs du système ne peuvent résoudre la crise. Ensuite, ma claire position telle que j'ai l'ai écrite est que le changement est inévitable car il s'impose de lui-même, mais est-ce que cela est positif ou négatif ? C'est là que réside le problème et nous ne sommes que devant options : négative parce qu'on a imposé sur la société un changement dans l'anarchie sans une préparation et cela peut faire la victoire de l'une des parties au détriment de l'autre « les conservateurs et révolutionnaires » ensuite on crée un nouveau modèle selon l'intérêt de la partie vainqueur. L'autre option qui est positive, est qu'il ait un accord social pour moderniser le système social, de telle sorte que, la réalité montre l'incompatibilité de l'ancien système avec le temps, imagine que ce monde qui est perpétuel changement, et que la société demeure cramponnée sur modèle social remonte aux siècles, si tu lis par exemple certains écrits sur l'histoire ancienne de notre société depuis le Royaume de Wagadou jusqu'à aujourd'hui, tu sauras que c'est le système aristocratique, et j'avais comparé les deux systèmes, l'ancien et le nouveau, en m'appuyant sur les travaux du professeur Ali Cissé sur la société soninké, mes analyses en sont arrivées en une conclusion : c'est que la différence entre l'aristocratie du Wagadou et celui en vigueur actuellement est seulement historique et social, mais l'architecture est la même. Par conséquent, la solution telle que je la conçois, consiste à ce que les différentes forces fassent de concertations intensives pour mettre en place un nouveau pacte en vue de moderniser le système de la société. Et le temps cette interview ne me permet pas de parler de tous les détails que j'aurais voulu détailler.

● *Question 5 : Concernant l'éducation, beaucoup d'initiatives sont prises au sein de communautés villageoises soninké du Guidimagha (système hybride Mahadra- école) en dehors du cadre de l'enseignement étatique, vous y voyez quoi en termes d'inconvénients et d'avantages ? Et quel regard portez-vous sur l'éducation des jeunes filles dans nos communautés ? Et vos préconisations éventuelles en la matière ?*

BC : Nul doute que les écoles religieuses jouent un rôle très important dans la revivification de l'enseignement dans la région en comblant la faible prestation de l'école publique, et grâce à ces écoles le niveau de beaucoup jeunes apprenants filles comme garçons s'est amélioré au moins sur le plan religieux, mais elles souffrent de défauts qui se situent tant au niveau pédagogique qu'au niveau de d'enseignement, de telle sorte que, certaines d'entre elles pour ne pas dire beaucoup, ne s'intéressent beaucoup pas au programme officiel que le ministre en charge de l'enseignement donne aux sciences appliquées et les langues vivantes tel le français et l'anglais. Ceci constitue un obstacle à l'avancement des élèves, de telle sorte, qu'il leur sera difficile d'être performants dans les examens nationaux en particulier l'examen de fin d'études moyennes sans parler du baccalauréat, car la plupart de ces écoles viennent à peine d'être créés dont les salles n'atteignent le niveau du secondaire. Au niveau du volet de l'enseignement le problème est qu'il est rare de trouver parmi les enseignants celui qui a subi une formation ou qui a une expérience dans le domaine de l'enseignement, il est de trouver faible le niveau de certains académiquement parlant. Telles sont les défaillances des écoles religieuses. Il est regrettable que la scolarisation des filles soit faible comparativement avec les autres sociétés avec qui nous partageons le pays, cela est lié au fait que la femme soninké n'a pas évolué dans le domaine des études et de la culture et s'y ajoute la non-évolution de la société de façon complète parce que « la mère est une école » la femme est la moitié de la société comme on le dit. Et il y a un autre problème en ce sens que la plupart des filles soninké scolarisée ne sont pas sérieuses en ce concerne les études, c'est-à-dire qu'elles ne regardent pas les études comme un sauvetage et une garantie noble pour l'homme, mais comme une étape transitoire ou comme une mode, de telle sorte, la majorité d'entre elles croient que le mariage est la garantie de leur avenir et non les études, c'est raison pour laquelle beaucoup font des efforts pour trouver un homme aisé pour construire avec lui un avenir radieux.

Concernant les recommandations : c'est que nous tous, hommes et femmes, Si on ne croit pas aux études et n'y accorde pas attention, on ne peut espérer un changement pour notre situation et trouver une solution à nos crises, on peut être riches mais cela ne peut résoudre nos problèmes et changer nos situations en rien. L'argent peut te construire un château mais non un esprit qui réfléchit. En conclusion : je vous renouvelle mes remerciements et à la prochaine.

Réalisé le 7 juillet 2023 pour le Blog https://ecrit-osc.blog/

~Entretien 3 :

• *Question 1 : Bonjour monsieur N'Djim Boubacar, pouvez-vous vous présenter à nos lecteurs ?*

Boubacar N'Djim : Je suis un jeune activiste de la société civile et militant des droits de l'homme au Mali, je suis très connu dans la lutte contre l'esclavage par ascendance au Mali surtout dans le milieu soninké.

• *Question 2 : Vous êtes une voix publique droit-de-l'hommiste au Mali depuis quelques années à travers le Mouvement pour la sauvegarde des droits humains (MSDH), actuellement quelle est la situation générale en matière de droits humains dans votre pays ?*

BN : La situation des droits de l'homme au Mali demeure préoccupante malgré la signature de l'Accord pour la paix et la réconciliation, qui parle de droits de l'homme parle de justice sociale selon un rapport publié le 06 janvier 2023 par la Mission multidimensionnelle intégrée des Nations Unies pour la stabilisation au Mali (MINUSMA) et le Haut-Commissariat des Nations Unies aux droits de l'homme (HCDH). L'accès des personnes déplacées à l'emploi formel peut les empêcher d'être victimes des formes contemporaines d'esclavage. Malgré les efforts déployés pour faire avancer la mise en œuvre de l'Accord pour la paix et la réconciliation au Mali, de nouvelles difficultés sont apparues après que les mouvements signataires ont décidé de suspendre leur participation au mécanisme de suivi de l'Accord jusqu'à la tenue d'une réunion avec l'équipe de médiation internationale, destinée à discuter de l'avenir du processus de paix. Alors que l'insécurité continue de compromettre le rétablissement de l'autorité de l'État, la mise en œuvre de la stratégie de stabilisation des régions du Centre reste essentielle pour remédier à la situation actuelle.

En dépit des défis complexes et multiformes il existe quelques éclaircies dans le domaine du processus de transition, dans le renforcement des capacités des Forces de Défense et de Sécurité Maliennes, la coopération face à la lutte contre le terrorisme. Tout cela semble être dissimulé par les effets d'une fracture géopolitique mondiale dont le Mali semble être l'épicentre en Afrique de l'Ouest, une situation qui génère tensions, polarisation, défiance généralisée et malsaine entre le Mali et une certaine partie de la communauté internationale et notamment la MINUSMA.

● *Question 3 : la lutte contre l'esclavage par ascendance fait partie de votre champ d'engagement, quelle analyse-bilan faites-vous sur cette problématique et son traitement par les autorités maliennes ?*

BN : Oui effectivement la lutte contre l'esclavage fait partie de nos objectifs, Certaines personnes naissent en esclavage au Mali parce que leurs ancêtres ont été capturés comme esclaves et que leurs familles «

appartiennent » aux familles propriétaires d'esclaves – appelées « nobles » – depuis des générations. Les « esclaves » sont contraints de travailler sans rémunération, peuvent être hérités et sont privés des droits humains fondamentaux. De nos jours ce phénomène a engendré plusieurs morts et plusieurs centaines de déplacés dans la seule région de Kayes. On se rappelle attaques à Lani dans le Gadiaga, dans le Guidhimaka, du massacre de Diandjoumé, des attaques répétitives à bafoulabé,Nioro,Diema pour ne citer qu'eux. A la suite de ces différentes violations des droits de l'homme, une fissure s'est installée dans ces communautés qui ont vécu des siècles sans tensions et il faut aussi reconnaitre que ces faits ne sont pas nouveaux ce sont des faits très contemporains. Il existe une couche qui se dit noble la plupart vient des chefferies et entretient ces coutumes et us légués de façon très rigoureuse. Après toutes ces atrocités toutes les organisations qui luttent contre l'esclavage réunies au sein de la Coalition nationale de la lutte contre l'esclavage au Mali dirigé par la commission nationale de droits de l'homme ont mené plusieurs actions de sensibilisation et de plaidoyer en vue d'aider les victimes et d'alerter les autorités de transition pour que justice soit faite.

C'est en ce sens que le ministre de la Justice a instruit aux procureurs généraux du Mali en vue de mettre fin à cette question qui tyrannise notre société.

Une session spéciale de La cour d'Assises de Kayes qui avait pour objectif de juger les infractions en lien avec la question de l'esclavage a été faite et le verdict a été sans appel pour le bonheur qui ne réclamait que justice

Sur 3 Affaires, 100 accusés, 56 détenus.

–8 personnes condamnées à la peine de mort

-1 condamnation par contumace

-10 condamnations d'emprisonnement avec sursis

-6 condamnations à la réclusion de 5 à 10 ans d'emprisonnement

-11 condamnations allant de 2 à 5 ans d'emprisonnent

-32 acquittements

-2 arrêts civils

Ces personnes sont accusées de crimes liées à la pratique de l'esclavage par ascendance dans les régions de Kayes, Kita et Nioro. Ceci est un effort louable de la part des autorités pour les victimes de l'esclavage par ascendance au Mali, nous félicitons également la Commission Nationale des Droits de l'Homme du Mali (CNDH) à travers son Président M. Aguibou Bouaré et toutes les organisations de la Coalition Nationale de Lutte contre l'Esclavage au Mali (CONALEM) qui ont œuvré pour que justice soit rendue.

Par ailleurs toujours dans le cadre de la protection des victimes nous sollicitons de la part du gouvernement ;

Le retour rapide des victimes déplacées internes et de l'esclavage par ascendance ;

Et l'adoption d'une loi réprimant l'esclavage et les pratiques assimilées.

L'État est le seul garant de l'effectivité de cette justice sociale, et le ministre de la Justice et des Droits de l'Homme Mr Mamadou Kassogué se sont personnellement investis pour une bonne redistribution de la justice.

● *Question 4 : Quelle lecture faites-vous de sa situation politico-sécuritaire globale dans notre sous-région, nombreux coups d'État (Guinée Conakry, Burkina Faso, Mali et Niger..) ?*

BN : Les coups d'État militaires en Afrique de l'Ouest suscitent des préoccupations majeures en termes de stabilité politique, de démocratie, de droits de l'homme et de développement. En renversant brusquement des gouvernements élus, les coups d'État créent souvent une instabilité politique, perturbent les institutions démocratiques et génèrent un climat d'incertitude. Ces événements contredisent les progrès démocratiques accomplis dans la région. Les principes démocratiques sont violés lorsque l'ordre constitutionnel est renversé par la force. Les impacts économiques sont également notables, avec des investissements et des échanges perturbés, entraînant des répercussions négatives sur le développement économique. En parallèle, les coups d'État peuvent occasionner des violations des droits de l'homme, allant de la répression des libertés civiles à la censure médiatique et à l'usage excessif de la force. Les groupes marginalisés sont souvent davantage vulnérables dans ces périodes de troubles. La

Communauté économique des États de l'Afrique de l'Ouest (CEDEAO) et d'autres acteurs internationaux jouent un rôle crucial dans la prévention et la réaction aux coups d'État. Des pressions régionales et internationales sont exercées pour rétablir rapidement l'ordre constitutionnel. Les raisons des coups d'État sont complexes, allant de la corruption à la mauvaise gouvernance, des inégalités sociales aux tensions ethniques. Le contexte politique et social joue un rôle central, tout comme la prolifération des armes dans certaines régions.

Chaque coup d'État est unique, mais la stabilité politique, la démocratie et le respect des droits de l'homme restent des défis constants. Des efforts soutenus sont nécessaires pour promouvoir des transitions pacifiques du pouvoir et renforcer la gouvernance démocratique dans la région. Une partie de la population de ces pays veut de nouveaux alliés en ont marre de partenaires comme la France ou les Etats-Unis » Une partie veut de nouveaux alliés et même les Sénégalais en ont marre de partenaires comme la France ou les Etats-Unis » mais on ne peut ignorer que l'appel à une 'voie panafricaine' se fait de plus en plus sentir. Attendons de voir ce que cela va donner. Cependant, les crises politiques ne se résolvent pas par les armes mais par le dialogue. Des organisations comme la Cédéao et l'Union africaine, elles devraient prévenir les conflits, au lieu de cela, ils ont un pouvoir limité, étant dirigés par ces dirigeants contre lesquels les populations protestent ». Comme le président Macky Sall, qui au Sénégal est accusé de vouloir se présenter pour la troisième fois aux prochaines élections, alors même que la Constitution l'interdit. Pour mettre un terme aux coups d'État en Afrique de l'Ouest, il est essentiel d'adopter une approche globale impliquant des actions nationales, régionales et internationales.

Tout d'abord, le renforcement de la démocratie demeure une priorité majeure. Les nations doivent consolider leurs institutions démocratiques, garantir la primauté du droit et assurer des processus électoraux transparents. En promouvant des voies légales pour les changements de leadership, on réduit la tentation de recourir à des méthodes non démocratiques telles que les coups d'État. Les dirigeants politiques jouent un rôle crucial dans la prévention des coups d'État. En adoptant un leadership éthique, en luttant contre la corruption et en protégeant les droits de l'homme, ils renforcent la confiance des citoyens dans le système politique et dissuadent les actions illégales.

Réduire les inégalités sociales et économiques est également essentiel. Une société plus inclusive, avec des opportunités équitables, diminue les frustrations qui pourraient conduire à des soulèvements et à des troubles politiques.

Une réforme des forces de sécurité est impérative. Les armées doivent être professionnelles, apolitiques et soumises à un contrôle civil rigoureux. Former les forces armées à la responsabilité, aux droits de l'homme et au respect de la constitution renforce leur rôle en tant que gardiennes de la stabilité.

Le dialogue politique est une arme puissante pour résoudre les différends politiques. Encourager les négociations et la médiation entre les différentes parties prévient les conflits qui pourraient dégénérer en coups d'État. La médiation régionale et internationale est un pilier essentiel. Les organisations régionales comme la CEDEAO doivent jouer un rôle actif dans la prévention et la résolution des conflits. Les pressions diplomatiques et les sanctions économiques peuvent décourager les acteurs impliqués dans les coups d'État. L'éducation civique est un investissement vital dans la prévention des coups d'État. Sensibiliser la population aux valeurs démocratiques, aux droits de l'homme et aux méthodes pacifiques de résolution des conflits favorise une culture de la paix. Le renforcement économique est un rempart contre l'instabilité politique. Promouvoir un développement durable et la création d'emplois réduit les tensions socio-économiques qui peuvent alimenter les troubles politiques.

Le soutien aux médias indépendants est crucial. Les médias libres jouent un rôle crucial en surveillant le pouvoir et en informant les citoyens. Protéger leur liberté est une garantie contre les abus de pouvoir. Enfin, la promotion de la stabilité régionale est essentielle. La coopération entre les pays pour résoudre les conflits transfrontaliers et promouvoir la paix est un élément clé dans la prévention des coups d'État.

En somme, mettre un terme aux coups d'État en Afrique de l'Ouest nécessite une approche à long terme, impliquant un engagement résolu en faveur de la démocratie, des droits de l'homme et de la stabilité économique, à la fois au niveau national, régional et international.

Réalisé le 12 août 2023 pour le Blog https://ecrit-ose.blog/

~Entretien 4 :

● *Question 1 : Bonjour monsieur SOUKOUNA, merci d'avoir accepté notre interview. Pouvez-vous vous présenter à nos lecteurs ?*

Yahaya SOUKOUNA : Bonjour, je suis Yahaya SOUKOUNA, français d'origine malienne, diplômé en Sciences politiques et en Administration publique. Ancien collaborateur parlementaire, je suis actuellement consultant en stratégie internationale. Je conseille des acteurs du secteur public et privé sur divers sujets stratégiques. Je les accompagne vers la prise de décision, sur leur réorganisation structurelle et sur leurs choix stratégiques globaux. Durant mes temps libres, j'officie en tant qu'entraîneur dans un club de football amateur, j'y entame ma neuvième saison. Il m'arrive aussi d'écrire. Il y a deux ans, j'ai sorti un abécédaire autobiographique et je suis actuellement en train de finaliser un nouvel ouvrage portant sur l'Accord pour la Paix et la réconciliation au Mali issu du processus d'Alger de 2015.

• Question 2 : Étant issu de la communauté soninké qui est très attirée par l'environnement migratoire à travers le monde notamment en France, quel est votre diagnostic sur la situation actuelle de ce phénomène ? (Avantages et inconvénients)

YS : Avant toute analyse, j'aimerais témoigner ma fierté d'appartenir à la communauté soninké vivant en France. Je pense intimement que l'héritage culturel que nos aînés nous ont légué doit demeurer intact et poursuivre son cheminement générationnel. La solidarité, le partage, l'humilité, la discrétion et le respect de l'aîné sont autant de valeurs qui doivent perdurer. À notre tour, on se doit d'être les futures courroies de transmissions de ce « package » ancestral. Pour me recentrer sur la question, il me paraît important de préciser un aspect singulier à la communauté soninké sur le plan migratoire. Cette dernière immigre considérablement à travers le monde entier. L'Europe, principalement la France et l'Espagne, le continent africain, et l'Amérique du Nord, sont les principales destinations de la communauté native d'Assouan en Égypte. Elle se trouve donc fortement impactée par les tendances contemporaines de ce puissant enjeu géopolitique qu'est la migration.

En effet, la fragilité des marchés financiers et les crises engendrées, à l'image de celle de 2008, ont profondément bouleversé l'ordre mondial. Les économies mondialisées ont toutes été fortement perturbées, entraînant des conséquences en cascade. L'Occident, principale terre d'accueil de migrant, a connu une baisse radicale de l'interventionnisme étatique et un élargissement de la paupérisation de sa société. C'est dans ce contexte que s'est diffusé un profond sentiment patriotique nationaliste provoquant l'émergence de mouvements réfractaires à l'accueil des personnes étrangères, les estimant responsables de la baisse de leur niveau de vie. Paradoxalement en Afrique, la multiplication des conflits, l'instabilité politique, l'affaissement du niveau de vie et le difficile accès à l'éducation et à la santé ont renforcé le désir d'exode d'une part importante de la jeunesse en quête d'un avenir meilleur. Malgré les mesures drastiques imposées par les autorités méditerranéennes, les vagues migratoires s'intensifient et s'échouent le long des côtes marocaines, espagnoles et italiennes avec son lot de rescapés et de morts que la mer avale. Nous assistons à la collision de ces deux réalités dynamiques qui ne semble pas promises à la convergence. Pire encore, avec la montée des groupes extrémistes et la détermination de ceux qui désirent l'eldorado, les prochains rendez-vous s'annoncent inquiétants.

● *Question 3 : Ces derniers jours, le gouvernement malien a annoncé le report de l'élection présidentielle (initialement prévue en février), pouvez-vous nous éclairer sur les données politiques et sécuritaires dans le pays actuellement ?*

YS : Depuis l'an 2020 et la chute du régime du président Ibrahim Boubacar Keita, le Mali est dans une transition. De 2020 à 2021, celle-ci fut civile et militaire, dirigée par l'ancien président Bah N'daw. Pour des raisons difficilement déchiffrables, ce dernier a été renversé en 2021 par le colonel Assimi Goïta qui est depuis devenu le président de la transition. Des élections présidentielles devaient avoir lieu, mais ont été reportées par le régime, entraînant une batterie de sanctions de la part de la communauté internationale et des organisations sous-régionales sous l'impulsion de la communauté économique des États de l'Afrique de l'Ouest (CEDEAO). Des négociations ont abouti sur l'organisation d'élections présidentielles en février 2024 et ont permis de lever une partie des sanctions économiques qui participaient à la tentative d'asphyxie de l'économie malienne. Ce laps de temps a permis aux autorités de faire voter une nouvelle constitution. Projet que leurs prédécesseurs, démocratiquement élus, ont initié sans parvenir à leur terme. Dans un récent communiqué, le ministère de l'Administration territoriale a annoncé le report des élections présidentielles de février 2024 à une date ultérieure de quoi alimenter les suspicions quant aux désirs des autorités de se maintenir au pouvoir le plus longtemps possible. Il faut noter que ce report s'établit dans un contexte sécuritaire des plus tendus que certains observateurs assimilent à celui de 2012. Cette période dans laquelle les combats entre l'armée malienne et les mouvements rebelles associés aux groupes jihadistes ont entraîné la scission du pays en deux et la proclamation de l'Azawad par le mouvement national de Libération de l'Azawad (MLNA).

Aujourd'hui, la situation est confuse. On assiste d'une part à l'intensification par l'armée d'opérations de communication et de reconquête du territoire vers le nord du pays à mesure que la mission onusienne de maintien de la paix (MINUSMA) libère les camps qu'elle occupait.

Concomitamment, des actes terroristes sont perpétrés sur l'ensemble du territoire laissant penser à une fragile restauration de la sécurité dans le pays. Ajoutons à cela, une recrudescence des affrontements entre l'armée malienne et les mouvements jihadistes, mais également, une détérioration des relations entre l'État et une partie des mouvements signataires de l'Accord d'Alger (Le Cadre Stratégique Permanent). Tout cela a pour effet de prolonger l'imbroglio du cas malien. Un rapide retour à l'ordre constitutionnel répondrait bien plus à des injonctions de la communauté internationale qu'a une nécessité immédiate pour la restauration d'un État unitaire et stable.

• *Question 4 : La communauté soninké est traversée par une crise sociale latente liée à ce qu'on appelle « l'esclavage par ascendance », quelles seraient selon vous, des précautions efficientes pour recouvrer une certaine sérénité communautaire sans cette tare ?*

YS : La problématique de l'esclavage par ascendance est un sujet d'une extrême sensibilité, mais qui requiert un positionnement clair. La mienne est que ces pratiques doivent cesser d'exister. Je crois aussi que pour traiter un phénomène de cette ampleur, il faut avoir l'humilité de l'étudier, non pas pour cautionner, mais pour comprendre le pourquoi de la pérennité de ce procédé ancestral qui nuit au fonctionnement harmonieux de communautés qui très souvent se ressemblent. Il est important de s'intéresser en profondeur aux raisons qui distinguent le droit pour une communauté de jouir de pouvoirs réducteurs et humiliants vis-à-vis d'une autre contre son gré. Même si cette variante de l'esclavage existe au sein de la communauté soninké, ce phénomène que l'on peut penser mineur et bien plus répandu que l'on ne pourrait le croire. Il trouve des germes dans les 5 grands continents et répond à des règles, des coutumes, des rituels qui doivent être déconstruits par le dialogue, la médiation, et si nécessaire, par des réponses pénales.

Même s'il existe des organismes internationaux qui traitent le sujet, la réponse politique globale est bien en deçà de l'ampleur que représente le fléau. Je crois qu'à l'image d'un sujet fédérateur comme l'écologie, la lutte contre l'esclavage par ascendance mérite une place beaucoup plus épaisse dans les principaux engagements des états concernés par ce phénomène. Conscient que dans certaines régions du monde, il participe à calibrer certaines sociétés (et/ou communautés), et que toute tentative d'entrave menacerait certains équilibres de pouvoir. Néanmoins, sa lutte doit être prise à bras le corps. Ce faisant, des mécanismes internationaux devraient contraindre les États à montrer patte blanche en matière de lutte.

• *Question 5 : la France connaît diverses frictions diplomatiques avec certains pays du Sahel (ses anciennes colonies), pouvez-vous nous donner quelques éléments de compréhension sur ces relations dans l'actuel environnement géopolitique mondial ?*

YS : Depuis quelques années, la France rencontre des difficultés sur le plan diplomatique, peine à maintenir un dialogue serein avec une partie de ses anciennes colonies sahéliennes, et perd de son influence historique sur une partie de plus en plus grande du continent. Les nombreuses et récentes attaques verbales par communiqués interposés entre Paris et les principaux régimes militaires de la bande sahélienne que sont Bamako (Mali), Ouagadougou (Burkina Faso) et Niamey (Niger) témoignent de la fragilité des rapports existants. Nous sommes bien loin de l'an 2013 où le président français François Hollande avait reçu un accueil triomphal par une foule en liesse à Bamako lors du lancement de l'opération SERVAL, destinée à repousser l'avancée des jihadistes, qui étaient parvenus jusqu'au centre du pays à Kona. « La journée la plus importante de ma vie politique », avait-il lancé. La nouvelle tendance relationnelle entre la France et ces états sahéliens ne se résume pas qu'aux relations d'ordre politique ou protocolaire, mais s'étend désormais à la société civile. En effet, la longévité de la présence militaire étrangère sur le sol africain et les quelques abus qui en ont découlé ont créé de la frustration chez une partie des populations. De plus, l'absence de résultats des opérations militaires telles que Serval, Barkhane, et la Minusma, et leur incapacité à libérer les zones occupées du nord du Mali notamment, ont également suscité un rejet de celles-ci par les populations concernées. Par ailleurs, avec la montée en puissance de l'accès aux nouvelles technologies, le continent s'informe vite et s'éduque. Au cœur de la jeunesse africaine émerge un vaste désir d'affranchissement avec ses anciennes colonies, particulièrement avec la France. À dominante musulmane par leur composition, leurs us et coutumes, les populations sahéliennes sont particulièrement sensibles au traitement qui est infligé à leur coreligionnaire dans la sphère médiatique française depuis quelques années. L'ensemble de ces facteurs fragilise la relation entre la France et ses anciennes colonies africaines. Cela offre l'opportunité géopolitique pour une nation comme la Russie de revenir au-devant de la scène en réactivant l'importante influence « soviétoafricaine » qui était la sienne lors des successions d'indépendance. Et cela à l'image de celle avec la Guinée de Sékou Touré dès 1958 et du Mali de Modibo Keita dès 1960. Depuis le coup d'État malien de 2020, la relation avec la France bat de l'aile. D'un autre côté, le Mali et la Russie se sont fortement rapprochés aussi bien sur le plan militaire, qu'économique, et diplomatique. De quoi susciter des rivalités sur fond d'influence.

Le Mali est au cœur d'enjeux géopolitiques c'est pourquoi nous sommes en droit de nous interroger sur la question suivante : le pays n'est-il pas involontairement devenu l'un des instruments d'une nouvelle Guerre froide qui ne dit pas son nom ?

Réalisé le 1 novembre 2023 pour le BLOG https://ecrit-ose.blog/

~Entretien 5 :

● *Question 1 : Bonjour monsieur Traoré, merci d'avoir accepté notre interview. Pouvez-vous vous présenter à nos lecteurs ? (+parcours universitaire et professionnel)*

Aleyda TRAORE : Bonjour Koundou SOUMARE. Merci à toi de m'avoir donné l'opportunité de pouvoir m'exprimer à travers cet interview sur ton blog.

Je m'appelle Aleyda TRAORE, natif du village de Bouanze, Guidimakha. Né à Bouanze, j'y ai fait mes études primaires pendant mon enfance. A l'âge de 13 ans, je suis allé au collège de Ould-yengé (Guidimakha) où j'ai fait mes deux premières années de collège avant de rejoindre Nouakchott pour la suite de mes études du collège (Elmina), du lycée (Lycée Arabe et Lycée National). En 2000 j'ai obtenu mon baccalauréat en série D et j'ai intégré l'université de Nouakchott, à la Faculté des sciences et Techniques en parcours Biologie-Géologie. Après l'obtention de mon DEUG (diplôme d'études universitaires générale), j'ai poursuivi mon parcours de second cycle universitaire en filière de Géologie minière. J'ai obtenu ma maîtrise dans cette filière en 2005.

En septembre 2005, je suis arrivé en France pour poursuivre mes études de Géologie à l'université Henri Poincaré à Nancy où j'ai obtenu mon diplôme de Master en Géosciences et Ressources, parcours Pétrolier. Après le master je suis rentré dans la vie professionnelle. Mon parcours professionnel a débuté au sein de l'université Henri Poincaré où j'ai occupé un poste d'assistant chercheur avant de m'orienter vers le secteur privé. Aujourd'hui je suis dans ce secteur privé depuis 15 ans dans le domaine de l'environnement, particulièrement dans la dépollution des sols et eaux en tant que superviseur et référent environnemental des chantiers de dépollution des sols et nappes phréatiques. Je m'occupe précisément du diagnostic, analyse et interprétation des données des composés d'hydrocarbures entre autres dans les sols et dans les eaux.

● *Question 2 : Étant issu de la communauté soninké qui est très attiré par l'environnement migratoire à travers le monde notamment en France, quel est votre diagnostic sur la situation actuelle de ce phénomène ? (Avantages et inconvénients) et également quelques éléments de votre expérience...*

AT : La réponse à cette question est assez vaste, on peut y consacrer un livre entier, car les soninkés sont traditionnellement des grands voyageurs dans le temps et dans l'espace. Je vais exposer mon point de vue d'une manière singulière en s'appuyant sur le cas de l'immigration de ceux-ci vers la France.

L'immigration en soi est positive à mon avis, dans les sens où elle contribue positivement à la croissance économique et au développement culturel des immigrés, de leurs familles et pays d'origine d'une part et elle a une forte influence sur l'économie du pays d'accueil d'autre part.

Cependant comme toute activité, l'immigration a aussi son lot d'inconvénients. Comme je l'ai dit plus haut, l'immigration chez les soninkés est très ancienne (on peut la chercher bien avant la fondation de l'empire du Ghana) et était très répandue dans le continent africain.

Toutefois, les migrations contemporaines sont beaucoup plus orientées vers les pays occidentaux.

Plusieurs facteurs expliquent cette orientation de ce flux migratoire des soninkés. On peut citer les deux guerres, où les soninkés étaient incorporés dans l'armée française, le besoin des occidentaux en main d'œuvre, notamment la France ruinée par les guerres pour sa reconstruction…

Pour rester sur la question, l'immigration est une des activités actrice du développement socio-économique en pays soninké. Les gouvernements des pays d'origine des soninkés ne sont pas suffisamment impliqués dans ce développement.

Quand on regarde le Guidimakha de la Mauritanie que je choisis ici comme exemple puisque c'est ma région natale et c'est elle que je connais mieux que les autres régions des soninkés, la grande majorité des services de base de la vie (écoles, centres de santé, accès à l'eau potable...) sont des réalisations des immigrés. Cependant, il y a énormément de points négatifs liés à l'immigration et notamment chez les soninkés.

En outre des difficultés linguistiques, culturelles liées à l'intégration on assiste à une vidange des familles et des pays de leur force, de leur matière grise et surtout de l'intellect. Le milieu soninké est frappé par un phénomène d'appauvrissement humain associé à des pertes des vies liées aux conditions de transit vers les pays d'accueil. Le durcissement des lois anti migratoires, la baisse de la qualité de vie par manque de logement, d'emploi, de permis de séjour et de travail en sont quelques exemples concrets qui doivent inciter les soninkés à prendre au sérieux cette question.

Malgré cela, les populations n'ont pas forcément conscience du mal et n'en font pas une priorité, car le sujet n'est pas sérieusement abordé par les pouvoirs publics afin de trouver des solutions efficaces.

La question sur l'immigration est un couteau à double tranchant qui nécessite un sérieux investissement et une profonde étude pour établir des nouvelles alternatives assez bénéfiques pour tous.

● *Question 3 : En Mauritanie, autour de l'éducation, certains indexent une inquiétante baisse du niveau général des apprenants, quelle est votre analyse sur cette situation ?*

AT : Le système éducatif de la Mauritanie a connu plusieurs réformes visant toutes une amélioration de celui-ci mais malheureusement le résultat est négatif, le niveau de l'éducation rétrograde d'année en année. L'analyse que je pourrais faire sur cela est d'ordre politique voire constitutionnel se rattachant directement à l'histoire du pays et de sa population dans un premier temps et dans un second temps, cette régression pour ne pas dire « échec » du système éducatif n'est que le produit de la mauvaise gestion globale des institutions du pays donc de la politique de gouvernance. La composition de la population n'est pas homogène. Les maures se réclament arabe et les noirs ont chaque ethnie (soninké, poular, wolof, harratine et bambara), sa langue et sa culture propre.

La première catégorie représentant l'élite du pays souhaite imposer une langue et une culture arabe auxquelles elle se réclame à la seconde catégorie, alors que cette dernière a toujours été favorable à sa propre culture et langue maternelle et au Français qui est la langue du colonisateur. Une introduction des langues (Français puis arabe comme langue officielle et les autres langues comme nationales) dans la constitution et par la suite dans le système éducatif. Ainsi réformes après réformes au sein du système éducatif sont mises en place pour tenter de coupler les deux inclinations à travers des programmes éducatifs qui manquent systématiquement de solidité et de rigueur.

La deuxième explication essentielle à cette régression scolaire est associée à la mauvaise gouvernance des institutions. Il y a un réel manque de vraie formation des formateurs, un réel manque de compétence des pouvoirs publics à redresser la courbe de l'échec scolaire, un vrai manque de volonté des encadrants et parfois même des parents d'élèves à s'impliquer dans cette éducation, soit principalement par manque de moyens (financiers et matériels) alloués à la tâche, pour les encadrants ou soit par simple négligence et/ou méconnaissance de l'intérêt de l'éducation en ce concerne les parents d'élèves. Et c'est très dommage et surtout très regrettable pour un pays, car l'éducation est la principale responsabilité de tout en chacun et est le soubassement de toute compétence.

• *Question 4 : La communauté soninké est traversée par une crise sociale latente liée à ce qu'on appelle « l'esclavage par ascendance », quelles seraient selon vous, des précautions efficientes pour recouvrer une certaine sérénité communautaire ?*

AT : La communauté Soninké est une communauté très conservatrice. Les pratiques esclavagistes et féodales n'ont pas échappé à ce conservatisme soninké. Autrement presque toutes les civilisations du monde entier ont connu la pratique de l'esclavage sous différentes formes, néanmoins sont parvenues à son abolition quelle qu'en soit la forme. L'esclavage et le féodalisme perdurent chez les soninkés car ces derniers rattachent par méconnaissance la pratique à la religion musulmane alors que l'esclavage existait bien avant l'islam. D'ailleurs l'islam arrivé a mis en place une infinité de processus de libération des esclaves. Cependant l'aristocratie Soninké de manière générale s'apparente au Ku Klu Klan. Les esclavagistes Soninkés s'opposent vigoureusement à toute démarche de mise en liberté et à toute autonomie des personnes serviles, jusqu'à défier délibérément les lois et dispositions des autorités administratives, avec la complexité de certains hauts fonctionnaires, élus et cadres de l'État.

L'organisation Soninké fortement hiérarchisée basée sur un système de caste est un héritage du passé qui est malheureusement resté dans le conservatoire de la communauté. Toutefois, ces dernières années, plusieurs associations et ONG abolitionnistes issues de la jeunesse Soninké et autres, ont réussi tant bien que mal à réveiller les esprits à travers les réseaux sociaux. On note une nette prise de conscience du drame malgré une farouche opposition des féodaux esclavagistes. Je pense qu'il est temps que les soninkés comprennent que la machine de la sensibilisation est lancée et ne fera plus marche arrière. L'heure est au réveil et d'avancer avec l'Histoire. Le temps de ces pratiques ignobles est dépassé. Il faut évoluer positivement et se débarrasser de tous ces encombrants qui ne font que léser le bon fonctionnement de la société.

Pour éradiquer d'une manière efficace et efficiente ce fléau il faut qu'il trouve sa place dans les engagements sérieux des pouvoirs publics.

● ***Question 5 : Au cours de cette année 2024 aura lieu l'élection présidentielle en Mauritanie, quelles sont vos*** *observations sur l'arène politique actuelle et votre grille de projection sur l'échéance à venir... ?*

AT : Récemment d'après certaines sources médiatiques, les chiffres publiés par l'agence nationale des registres de la population et des titres sécurisés indiquent au moins 500 000 personnes ont été enregistrées. Cela dit qu'au moins 10% de la population Mauritanienne n'avait pas des documents nécessaires pour participer aux élections, s'ils en avaient l'âge d'y participer bien évidemment. A ce titre, je souhaite que l'État fasse tout le nécessaire pour que l'ensemble de la population (de l'intérieur comme de l'extérieur) ait un document qui lui permettra de s'acquitter de son devoir de citoyenneté. Concernant les élections de 2024, j'ose rêver d'une participation de toutes et tous. Le Mauritanien depuis l'indépendance du pays rêve d'une vraie démocratie et un réel changement du système. Je pense que ces élections pourraient être une très grande opportunité pour les Mauritaniens de tout bord d'agir pour le changement. Ensemble, hommes politiques et citoyens, il est temps de mettre de côté nos égos individuels, de s'engager honnêtement et sincèrement pour s'unir et créer un vrai rapport de force. Merci.

Réalisé le 13 janvier 2024 pour le BLOG https://ecrit-ose.blog/

TABLE

www.ingramcontent.com/pod-product-compliance
Lightning Source LLC
Chambersburg PA
CBHW050818250726
48653CB00006B/2299